KAI MOORSCHLATT
Cowboy Country

W0351224

Cowboy Country
Unterwegs in Colorado und Wyoming

von Kai Moorschlatt

Copyright 2009 Kai Moorschlatt
Herstellung und Verlag: Books on Demand GmbH, Norderstedt
ISBN 978-3-8370-9194-6

Bibliografische Information der Deutschen Nationalbibliothek
Die Deutsche Nationalbibliothek verzeichnet diese Publikation in der Deutschen Nationalbibliografie; detaillierte bibliografische Daten sind im Internet über http://dnb.d-nb.de abrufbar.

Die Fotos in diesem Buch stammen von Janine Moorschlatt und Kai Moorschlatt.

Landkarten sind dem *National Atlas of the United States* (www.nationalatlas.gov) in Absprache mit dem U.S. Geological Survey zur kostenfreien Vervielfältigung entnommen.

Dieses Buch ist allen Freunden gewidmet, die ich auf meinen Reisen durch die Vereinigten Staaten kennen lernen durfte und die mich bei meinen Erlebnissen im Cowboy Country auf der einen oder anderen Etappe begleitet haben. Vielen Dank an meine Frau Janine, die das Manuskript als erste Person lesen und kritisieren durfte, und an meine Eltern, die mich mit ihrer eigenen Reiselust infiziert haben und mir den Weg in die Vereinigten Staaten wiesen.

Inhalt

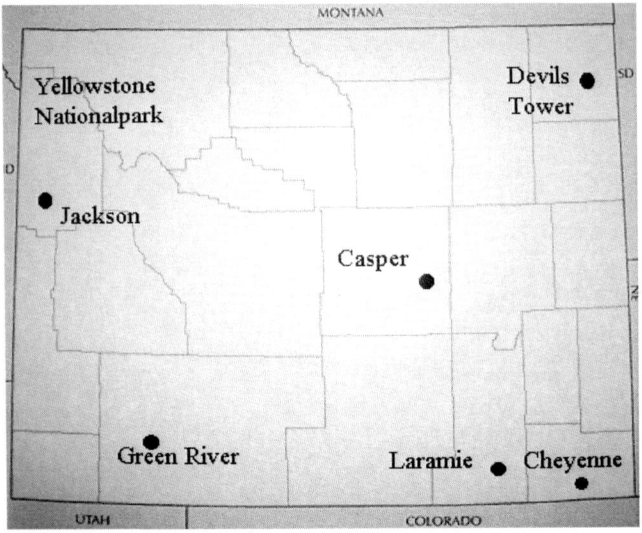

Wyoming

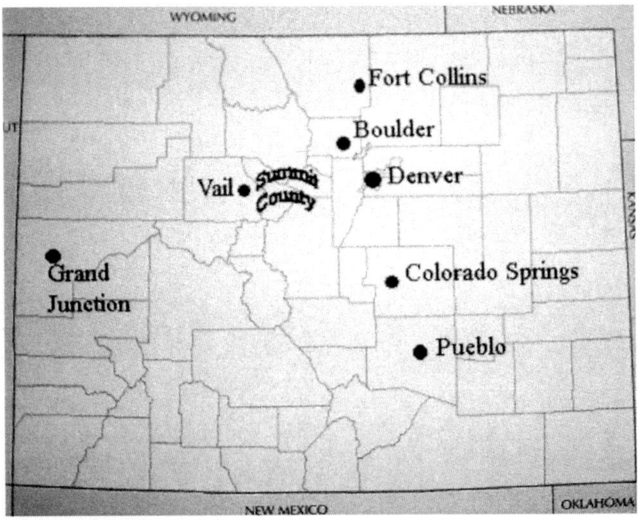

Colorado

Vorwort

Die Geysire, wilden Büffel und heißen Quellen des Yellowstone Nationalparks. Berühmte Skigebiete wie Aspen und Vail. Die Metropole Denver oder auch das Devils Tower National Monument. Das sind nur einige der weltbekannten Attraktionen im Gebiet der Rocky Mountains. Oder wie die Amerikaner sagen würden: *the list goes on and on*. Ja tatsächlich, diese Aufzählung könnte noch eine ganze Weile so weiter gehen.

Trotzdem existiert über diese weitläufige, faszinierende Berglandschaft und die Bundesstaaten Colorado und Wyoming mit ihren schroffen Gipfeln und schier endlosen Hochebenen nur erstaunlich wenig gute Literatur. Bei einem Gang entlang der Regale in einem gut sortierten Buchladen sind die Chancen eher gering, einen ausführlichen Reiseführer oder veröffentlichte Reiseerlebnisse aus der erwähnten Region zu finden. Die Naturwunder und Attraktionen nehmen meist nur einige Seiten mit recht allgemeinen Informationen und einigen Hoteltipps in Reiseführern über den gesamten Westen der Vereinigten Staaten ein. Während es massenhaft Erlebnisberichte und Bücher über New York, Florida, Kalifornien oder etwa die Route 66 gibt, wird die Rocky Mountains Region leider literarisch stark vernachlässigt. Fehlanzeige auch bei den Internetbuchhändlern - in deutscher Sprache findet man kaum etwas und wenn ja, dann erscheint beim Anklicken auf dem Bildschirm leider nur allzu oft der Schriftzug “nicht mehr verfügbar”.

Nachdem ich zwei Jahre in Wyoming und Colorado verbracht habe und später auf mehreren Reisen dorthin zurückgekehrt bin, tut mir diese Missachtung

einer solchen wunderbaren Gegend von Seiten der schreibenden Zunft im Herzen weh.
Aber Moment mal! Als freiberuflicher Journalist mit viel Wissen und persönlichen Erfahrungen aus der stiefmütterlich behandelten Bergwelt könnte ich doch etwas an diesem akuten Mangel ändern, oder? So entstand vor gut anderthalb Jahren die Idee zu diesem Buch. Parallel zu meiner Arbeit als TV-Journalist für mehrere Nachrichtenagenturen und Fernsehsender saß ich fortan in der spärlichen freien Zeit tippend vor dem Computer. Eine langwierige Arbeit, aber inspirierend und vor allem für mich als Autor eine Zeitreise zurück in die eigene, immer noch lebendige Vergangenheit.
Und jetzt liegt das fertige Werk endlich vor. Aber bevor ich mit der Schilderung meiner ersten Eindrücke des modernen Wilden Westens beginne, möchte ich ein paar Anmerkungen zu den folgenden Kapiteln loswerden. Dieses Buch ist kein Reiseführer. Dieses Buch ist keine Sammlung von fiktiven Kurzgeschichten. Dieses Buch ist keine Lobpreisung des *American Way of Life*, aber auch kein überkritisches Werk im Stile eines Michael Moore. Sollten Sie ausschließlich auf der Suche nach Lesestoff sein, der zu einem der soeben beschriebenen Kriterien passt, reagieren Sie jetzt bitte nicht übereilt und legen Sie dieses Buch nicht gleich wieder zur Seite. Ich bin mir sicher, dass es auch für Sie interessant sein wird.
Anstatt der ausführlichen Hotelbeschreibungen und Restaurant-Tipps eines Reiseführers entdecken Sie bestimmt einige Leckerbissen, die Sie zu landschaftlich reizvollen Stellen fernab der Touristenströme führen. Geschildert werden sowohl negative als auch positive Erfahrungen aus den Rocky Mountains und dem Wilden Westen der Gegenwart. In meinen zwei

Jahren in der Kleinstadt Laramie im US-Bundesstaat Wyoming, dem benachbarten Colorado und weiteren Aufenthalten und Reisen in der Berglandschaft, habe ich die Kultur der Region und die Gewohnheiten der Menschen kennen und in den meisten Fällen auch schätzen gelernt. Diese lustigen, spannenden, manchmal auch verrückten und kuriosen Anekdoten, versuche ich in diesem Werk wiederzugeben. Dem Durchschnitts-Deutschen mag nach oberflächlicher Betrachtung das Verhalten des Durchschnitts-Amerikaners in einigen Fällen unverständlich oder unsinnig erscheinen. So erging es mir auch oftmals. Doch anstatt sich kopfschüttelnd mit dem Stereotyp des leicht verrückten Amerikaners abzufinden, lohnt sich ein zweiter Blick hinter die Kulissen. So erschließt sich die Denkweise der ausgesprochen geradlinigen *Westerners* in den allermeisten Fällen. Und wenn nicht, dann können Sie immer noch den Kopf schütteln oder einfach nur ein wenig schmunzeln.

In diesem Buch finden Sie Geschichten von politischer Engstirnigkeit und der konservativen Einstellung der Bevölkerungsmehrheit eines dünn besiedelten, unwirtlichen Landes, aber auch von der Offenheit und großen Hilfsbereitschaft der freundlichen Bewohner.

In dieser Region der Gegensätze mit schier endlosen Grasebenen, tiefen Wäldern und schneebedeckten Bergen herrschen Temperaturen von minus 30 Grad Celsius im Winter bis plus 35 Grad Celsius im Sommer. Die Menschen sind besonders eng mit der Natur verbunden, müssen aber auch ständig gegen sie kämpfen und bestehen. Über die Wichtigkeit eines funktionierenden Automobils, amerikanische Sitten zu *Thanksgiving*, Gewohnheiten der Gesetzeshüter und anderer Waffennarren, die Mystik der Wildnis und natürlich die weltbekannten Naturwunder des Yellowstone Nationalparks und des Devils Tower werden Sie in den folgenden Kapiteln noch viel erfahren. Und jetzt nehme ich sie mit in die Weiten des modernen Wilden Westen…

Willkommen im Westen

"[...] the black mountain ranges capped and splotched with snow, roads like crimped lenghts of yarn from unraveled knitting. From on high it seemed human geometry had barely scratched the land. There were a few roads, an occasional dammed lake. But most of what lay below was brown and red curves, scooped cirques, rived canyons with unsteady water in the depths, scalloped rocks whose pale layers resembled lace, eroded slopes that seemed clawed by some monstrous garden tool."
(Man Crawling Out Of Trees, Bad Dirt, Annie Proulx, 2004)

Wenn ich den Nachthimmel meiner norddeutschen Heimat betrachte, erkenne ich vor allem den Lichterschein der nahen Großstadt. Mit Glück sieht man eine handvoll Sterne vom künstlich erhellten Firmament strahlen - aber natürlich nur, wenn nicht gerade das Flutlicht des Fußballstadions für Tageslichtverhältnisse sorgt, die blinkenden Signallampen des Flughafens leuchten oder der Scheinwerfer einer Großraumdiskothek den Himmel abschwenkt. Selbst außerhalb größerer Ansiedlungen bekomme ich in Deutschland nur selten einen klaren Blick auf die Masse der Himmelskörper, die unseren kleinen, blauen Planeten umkreist.
Ganz anders sieht es im Curt Gowdy State Park aus. Diese 4.450 Hektar große Hügellandschaft wenige Meilen östlich von Laramie, Wyoming ist der perfekte Platz zum *stargazing*, zum Sterne beobachten. Der stolze Namenspate Curt Gowdy, übrigens ein bekannter Sportreporter aus Wyoming, erfreute sich schon in den siebziger Jahren an den Angelplätzen der beiden Seen, den Campingmöglichkeiten und den Wanderwegen des Parks. Und nicht zu vergessen eben jener

Der kleine Highway 210 windet sich durch den Curt Gowdy State Park.

unglaubliche Blick auf den nächtlichen Sternenhimmel.
Ich sitze also auf der Motorhaube am Straßenrand des Highway 210. Diese einspurige Wegstrecke führt als Nebenstraße etwas nördlich des Interstate 80 von Laramie in Richtung Cheyenne. Keine Ortschaft unterbricht die kurvige Strecke durch das sanft geschwungene Auf und Ab der bewaldeten Hügel. Es ist mitten in der Nacht und kein Licht ist zu sehen. In einer nahen Farm scheinen die Bewohner schon zu schlafen. Nur der pflichtbewusste Wachhund bellt hin und wieder und verscheucht kleines Wildgetier, das sich dem Hof nähert. Autoverkehr ist auf diesem Straßenabschnitt eindeutig Mangelware - jedenfalls zu dieser späten Stunde. In einer Welt ohne sich bewegende Fahrzeugscheinwerfer, Straßenlaternen, Hausbeleuchtungen und anderem von Menschen geschaffenem Kunstlicht schalte auch ich das Abblendlicht meines Wagens aus. Über mir erstrahlt ein Sternenhimmel wie ich ihn noch nie zuvor beobachtet habe. Astronomie war zwar bisher nicht mein Fach-

gebiet, aber den Großen Bären oder den Polarstern erkenne ich normalerweise schon. Doch in diesem Fall fällt mir das zwischen den unzähligen sichtbaren Sternen sehr schwer. Zu übermächtig ist die Masse an Himmelskörpern. Deutlich erkennbar ist die Milchstraße. Wie ein weißliches Band aus kleinen Lichtpunkten zieht sie sich von Ost nach West am Nachthimmel der nördlichen Hemisphäre entlang. Einige Sterne sind strahlend hell, manche eher matt und wieder andere glitzernd und funkelnd.
Als einzelner Mensch fühle ich mich verschwindend klein unter diesem Himmelszelt. Ich bin ein winziger Punkt in einer klaren Nacht. Und so langsam zieht die Kälte an meinem Körper hoch. Kein Wunder, schließlich sitze ich bei Temperaturen um den Gefrierpunkt auf etwa 2000 Meter über dem Meeresspiegel auf einer Motorhaube. Die ersten Eiskristalle des Nachtfrostes glitzern mit den Sternen um die Wette. Trotzdem lässt der Anblick der Landschaft mich verweilen.
Das Zeitgefühl habe ich verloren. Sitze ich bereits seit einer Stunde in der freien Natur oder bin ich hier erst vor 15 Minuten eingetroffen? Ist ja auch egal. Ich konzentriere mich wieder auf das Umfeld und erkenne vereinzelte Bäume und Weideland, das sich bis zum Horizont erstreckt. Dann richte ich meine Augen wieder nach oben. Am Firmament ist es so voll wie die Sternenkarte in meinem abgegriffenen, ausgemusterten Schulatlas, der seit Jahren ein tristes, Staub bedecktes Dasein im Bücherregal ganz hinten fristet. Es ist schon seltsam, dass ich in diesem ergreifenden Moment ausgerechnet an einen Gegenstand denke, der sowohl räumlich als auch zeitlich so weit weg zu sein scheint. Andererseits erscheint es mir auch auf simple Weise sehr logisch. Denn es war jener Schul-

atlas, der schon in der Jugendzeit die Sehnsucht nach fernen Ländern in mir wachsen ließ. Mit dem Finger auf den Seiten entlang gleitend, machte ich damals Traumziele ausfindig und ließ das Fernweh in mir wachsen.

In eben jenem alten Atlas liegt der Bundesstaat Wyoming übrigens auf Seite 148 genau links - oder laut geografisch korrekter Bezeichnung "westlich" - der Mittelfalte. Cheyenne, Casper und Green River sind die einzigen eingezeichneten Ortschaften. Mehr als fünf oder sechs Quadratzentimeter haben die Kartographen im ausgeblichenen Schulatlas meiner neuen Heimat nicht gewidmet. Der Yellowstone Nationalpark ist eingetragen - und der South Pass. Über diesen 2.265 Meter hohen Sattel überquerten im 19. Jahrhundert die ersten Siedlerkarawanen mit ihren Planwagen die Rocky Mountains.

Heute führt nur noch der kleine, unbedeutende State Highway 28 über die Passhöhe. Der South Pass ist für den Verkehr und die Infrastruktur des modernen Westens etwa so unwichtig wie die Landstraße 210, an deren Schotterrand ich auf der Motorhaube sitze und die Nacht genieße. Aber es sind oft genau diese vermeintlich bedeutungslosen Orte, die dem Besucher so viel geben können. Und wenn es nur eine Atempause ist, in der mir die Größe der Natur wieder bewusst wird, während ich etwas abseits der Zivilisation den Sternenhimmel beobachte. Jetzt bin ich in meiner neuen zweiten Heimat angekommen. Es ist ein Ort an dem die weiten Ebenen und hohen Bergen mindestens ebenso übermächtig erscheinen wie das hell erstrahlende Himmelszelt.

Zugegeben, rein körperlich fand meine Ankunft in Wyoming bereits einige Tage zuvor statt. Im ultramodernen und erst im Jahre 1995 eröffneten Denver

International Airport bin ich nach zehnstündigem Flug von London über den Atlantik und die östlichen US-Bundesstaaten aus dem Flugzeug gestiegen. D.I.A., wie der Flughafen von den Einheimischen genannt wird, hat sich innerhalb kürzester Zeit zu einem der verkehrsreichsten Airports der Welt entwickelt. Alleine im ersten Halbjahr des Jahres 2007 starteten und landeten 11,65 Millionen Passagiere in Denver. Damit liegt D.I.A. auf dem vierten Rang der nordamerikanischen Flughäfen. Passend zur unendlichen Weite der Prärie ist die 25 Meilen außerhalb von Downtown Denver erbaute Anlage flächenmäßig sogar der drittgrößte Flughafen der Welt. Nur der King Fahd International Airport in Saudi Arabien und der Montréal-Mirabel International Airport in Kanada haben eine größere Ausdehnung.
So groß der Flughafen auch sein mag, für mich wird es erst einmal ganz schön eng. Zusammen mit einigen hundert weiteren Neuankömmlingen stehe ich in der Schlange vor den Einreisekontrollen. Zum Glück geht es dann aber doch alles recht schnell und es folgt die Fahrt in der Untergrundbahn des Flughafens vom Terminal zum Hauptgebäude. Die Berge müssen ganz nah sein, denn hier gibt es sogar ein Extra-Gepäckband für Skier und Snowboards. Dann ist es endlich soweit und vor meiner Nase öffnet sich eine Glastür, durch die ich ins Freie trete und zum ersten Mal die Höhenluft der Rocky Mountains schnuppere. Ganz schön dünn, aber Denver liegt schließlich auch genau eine Meile, also etwa 1.600 Meter, über dem Meeresspiegel. Das hat der Stadt nicht umsonst den Beinahmen *Mile-High-City* eingebracht. Mein Zielort Laramie in Wyoming liegt noch ein paar hundert Meter höher auf fast 2.000 Meter über Normalnull. Da ist die Luft schon deutlich dünner als in der hei-

matlichen norddeutschen Tiefebene. Dem Neuling geht in solchen ungewohnt hohen Gefilden schon auf der Treppe ins erste oder zweite Obergeschoss die Puste aus. Aber auch daran gewöhnt man sich. Als versierter Hobbysportler beschließe ich, die Zeit in Wyoming als langzeitiges Höhentrainingslager anzusehen und 24 Monate später topfit und mit deutlich erweiterten Lungenvolumen wieder nach Deutschland zurückzukehren.
Ein gewagtes Ziel, denn ich mache gerade die ersten Schritte in der neuen Heimat und vorerst stockt mir der Atem schon beim Betrachten meiner Umgebung. Das liegt allerdings nicht an der Höhenluft, sondern an dem ungewohnten, faszinierenden Panorama. Auf achtspurigen Highways vorbei an den Hochhäusern Denvers und dann immer auf dem Interstate 25 entlang der so genannten *Front Range Area* geht es in Richtung Norden. Zum Glück kann ich mich dabei gemütlich auf dem Beifahrersitz eines Shuttle-Busses zurücklehnen. Ich höre den Ausführungen meines Fahrers zu, der mir mit vielen Worten und Gesten einen ersten Einblick in die Geschichte der hiesigen Landschaft vermittelt.
Die Region stellt die Grenze zwischen den gewaltigen Rocky Mountains und den endlosen Ebenen dar. Der Gegensatz ist enorm. Bei einem Blick nach links sehe ich die hoch aufragenden Gipfel des Gebirges. Sogar Ende August sind vereinzelte Bergspitzen noch (oder schon wieder?) von Schnee bedeckt. Auf der rechten Seite erstreckt sich die nicht enden wollende Prärie. Das Grasland dehnt sich über hunderte Meilen von Colorado über Kansas und Missouri bis zum Mississippi aus. Aber das lässt sich auf meiner Fahrt auf dem Interstate 25 nur vage erahnen. Denn direkt an der Autobahn liegen Shoppingzentren, nagelneue

Wohnsiedlungen, Industriegebiete und hunderte Restaurants und Hotels. Die *Front Range* zählt zu den am schnellsten wachsenden Regionen der Vereinigten Staaten. Zu dem Gebiet zählen die Metropole Denver, die Universitätsstädte Boulder und Fort Collins, das Shopping-Paradies Loveland mit seinen *factory outlet stores* und unzählige weitere Orte.
Hinter Fort Collins wird es dann plötzlich einsam. Kurz nach dem Ortsausgang fahren wir an einem Straßenschild vorbei. 60 Meilen bis nach Laramie lese ich auf der grünen Hinweistafel. Wir haben den I 25 verlassen und bewegen uns auf dem einspurigen Highway 287 in Richtung der Staatsgrenze von Colorado und Wyoming. Die Straße führt direkt in die Wildnis. Fort Collins und Laramie sind übrigens Nachbarstädte obwohl sie eine Autostunde voneinander entfernt liegen. Denn dazwischen liegen nur die kleinen Dörfer The Forks, Virginia Dale und Tie Siding. Diese Siedlungen bestehen aus kleinen Ansammlungen alter Häuser. Die Einwohnerzahlen bewegen sich im unteren zweistelligen Bereich. Statt großer Wolkenkratzer und Einkaufszentren sehe ich jetzt jede Menge Natur am Seitenfenster vorbei ziehen. Eine seltsame Farbe hat das Land. Die Erde ist braun und das gelbe Gras wirkt ausgetrocknet und verdorrt.
Aber die traurig aussehenden Halme haben in dieser Region eine eigene Farbbezeichnung. Die Einwohner Wyomings nennen es *prairie gold* und zeigen damit wie ausgeprägt ihre Verbundenheit mit der Heimatregion im stolzen Wilden Westen ist. Die Universität von Wyoming hat die Farben braun und *prairie gold* sogar als offizielle Schulfarben gewählt. Schließlich wurde das Bildungsinstitut ursprünglich als Agrar-Hochschule gegründet und beweist immer noch eine

enge Verbundenheit mit den landwirtschaftlichen Traditionen des Staates. Sämtliche Merchandising-Produkte, Flaggen und auch die Trikots der Sportteams erstrahlen in den genannten Farben mit ihrem zugegebenermaßen sehr hohen Wiedererkennungswert.
Dann steht plötzlich ein großer Felsbrocken am Straßenrand und zeigt sich in eben jener geschilderten Farbkombination. Färben Gras und Erde hier schon auf das Gestein ab oder wie lässt sich der braungelbe, zwei Meter hohe Fels erklären? Mein allwissender Fahrer klärt mich auf. Der mysteriöse Monolith wechselt in regelmäßigen Abständen sogar sein Erscheinungsbild. An manchen Tagen erscheint er braun-gelb und zu anderen Zeiten wiederum trägt er ein grünes Kleid. Das Phänomen ist schnell erklärt. Wo zu Zeiten des Wilden Westens Stammesfehden unter den Ureinwohnern ausgetragen wurden, findet in der Gegenwart mehrmals im Jahr ein ganz besonderer "Grenzkrieg" statt.
Ganz ohne Blutvergießen stehen sich dann die Bewohner von Fort Collins in Colorado und Laramie in Wyoming beim so genannten *border war* gegenüber. Die "Waffen" sind aus Leder und entweder rund oder eiförmig. Die Ziele heißen *Dunking* oder *Touchdown.* Vor jedem Basketball- oder Footballspiel zwischen den rivalisierenden Fakultäten der benachbarten Orte ziehen Studenten zu dem farbigen Stein am Highway und bemalen den Fels in ihren jeweiligen Unifarben. Hartnäckig hält sich das Gerücht, dass bei einem solchen Ausflug Studenten der tiermedizinischen Abteilung Wyomings vor einigen Jahren das Maskottchen der Universität in Fort Collins entführt haben. Bei dem Maskottchen handelte es sich um einen Steinbock, der angeblich später medizinisch fachge-

recht entmannt zurück nach Colorado geschickt wurde. Seitdem, so heißt es, lebt das Maskottchen der University of Wyoming, ein Student im Cowboy-Kostüm, in gewisser Angst vor Racheakten der erzürnten Campus-Gemeinde der Colorado State University. Kastrations-Phobie scheint mir hierfür das angebrachte Fachwort zu sein.

Rätsel gelöst, weiter geht die Tour. Von einer Hochebene windet sich die kurvige Straße abwärts in ein weitläufiges Tal. Und wieder fällt mir eine seltsame Bemalung auf. Am rechten Wegesrand steht ein kleines, quadratisches Haus mit einem großen Parkplatz davor. Das Gebäude ist in rot-gelben Signalfarben bemalt. Es ist ein Laden für Feuerwerkskörper. Aufgrund der regionalen Gesetzgebung in Wyoming müssen solche Geschäfte weit außerhalb der Städte und Dörfer stehen. Damit soll verhindert werden, dass im Falle eines Brandes die explodierenden Feuerwerkskörper die oftmals aus Holz gebauten Wohnhäuser in Brand setzen. Läden eigens für Knallkörper sind nicht in jedem Staat erlaubt. Um den Kundenstamm über die lokale Bevölkerung hinaus zu erweitern, findet man sie in Wyoming auch vermehrt in der Nähe der Grenzen zu den Nachbarstaaten, in denen solche Geschäfte nicht existieren.

Kurz hinter dem Domizil der Böller und Raketen gesellt sich eine Eisenbahnstrecke zur Landstraße. Parallel verlaufen Gleise und Asphalt auf den letzten zehn Meilen nach Laramie. Zum Glück bin ich vorgewarnt. Andere Wagemutige aus Deutschland, die sich schon vor mir für einen längeren Aufenthalt in Laramie entschieden haben, berichteten mir von ihren ersten Impressionen. Insbesondere bei Großstädtern hinterlässt die Einfahrt nach Laramie einen leicht depressiven Eindruck. Ich kann die ersten Häuser

Cowboy und Devils Tower begrüßen Reisende auf den Schildern an der Grenze zu Wyoming.

erkennen. Hinter einem Holzzaun erheben sich die Laramie Fairgrounds, eine Art Arena für Rodeos, aber auch ein Gelände für Volksfeste und ähnliche Veranstaltungen. Eine kleine Tribüne und Holzschuppen gehören zu dem Gelände. Dann folgen einige kleine Motels. Sie säumen den Ortsrand der Gemeinde. Wir überqueren den Interstate 80, der von Ost nach West an der Stadt vorbei führt. Die Bebauung wird schon etwas dichter. Als ersten Laden entdecke ich einen *pawn shop*, eine Pfandleihe. Wer dringend Geld braucht, kann dort materielle Besitztümer in Zahlung geben und in besseren Zeiten wieder abholen. Nicht wieder ausgelöste Gegenstände können nach Ablauf einer Frist von Kaufinteressenten erworben werden. Die Produktpalette reicht von billigen Radios und Schmuck bis hin zu Handfeuerwaffen.

Auf meiner Fahrt entlang der 3rd Street durch die Außenbereiche des Ortes folgen ein Autohändler, ein kleiner Elektroladen, eine leicht verwahrloste Bar und weitere Motels. Toll, laut der Aussage meines Chauffeurs befinden wir uns jetzt schon fast in der Innenstadt. Hier soll ich also die kommenden zwei Jahre meines Lebens verbringen?

Ein Blick auf die 3rd Street, die Hauptstraße in Laramie

Vier Ecken und viel Platz in der Mitte

"The rutted Oregon Trail and the other 'trails to somewhere else' have become interstate highways and airfields [...] High above the empty plains and shimmering mountains, vapor trails, shine red in the sunset sky marking in less permanent traces than what wagons and cars left behind. In the place still pocked by Oregon Trail ruts and crossed by straight-line interstates, modern airplanes don't even bother to touch down within its borders."
(Readings in Wyoming History, Phil Roberts, Laramie, 2000)

Als nächstes steht eine Stunde Geografie auf dem Lehrplan. Stellen Sie sich eine alte Landkarte von Westdeutschland aus der Zeit vor der Wiedervereinigung vor. Dann streichen Sie Hamburg, München, Köln, Frankfurt am Main, das gesamte Ruhrgebiet... Eigentlich sämtliche größeren Städte. Denken Sie sich einfach Cuxhaven und Speyer mit ihren jeweils circa 50.000 Einwohnern wären die größten Städte der Republik. Als drittgrößte Ansiedlung folgt dann auch schon Weyhe. Was? Sie kennen Weyhe nicht? Die Gemeinde südlich von Bremen hat doch immerhin gut 30.000 Einwohner. Und das sind sogar schon ein paar tausend Menschen mehr, als in der drittgrößten Stadt Wyomings leben. Denn Laramie hat nur etwa 26.000 Einwohner. Unser Cuxhaven heißt in Wyoming Cheyenne - aber natürlich ohne Strand, Wattenmeer und Krabben. Und Speyer wird zu Casper. Zwischen diesen "Metropolen" finden Sie nichts außer Bauernhöfe, kleine Dörfer, Berge und Prärielandschaft. Können Sie sich jetzt ein erstes Bild von Wyoming machen?
Der Staat in den Rocky Mountains hat die ungefähre Größe der ehemaligen BRD und eine Einwohnerzahl

von weniger als 500.000. Damit ist der *Cowboy State* der bevölkerungsärmste Staat der USA und wird in punkto Bevölkerungsdichte nur von Alaska unterboten. Zum Vergleich: Nachdem wir jetzt unsere sämtlichen Großstädte und Ballungsräume wieder gedanklich in unsere Übersichtskarte einfügen, bringt es Deutschland auf stattliche 231 Einwohner pro Quadratkilometer. In Wyoming bevölkern durchschnittlich lediglich 1,9 Einwohner einen Quadratkilometer. Genügend Platz für Rinder, Antilopen, Bären und anderes Getier ist also reichlich vorhanden. Im Gegensatz zu den kurvigen Formen Deutschlands fällt bei der ersten Betrachtung einer Landkarte des 44. Bundesstaates der Vereinigten Staaten die nahezu rechteckige Form auf. Wobei ich zur Betrachtung dieses Mal nicht die kleine Version im ehemaligen Schulatlas, sondern die vom Verkehrsressort herausgegebene *official highway map* Wyomings zur Hand nehme.
Ziemlich mittig gelegen ist Casper mit seinen 49.644 Einwohnern. Viel kann ich über die zweitgrößte Stadt nicht berichten. Ich bin zwar einige Male durch Casper gefahren, aber einen triftigen Grund zum Verweilen habe ich nicht gefunden. Und viel mehr Zivilisation findet man dann mitten in Wyoming auch nicht vor. Gebirgszüge, Ranchland und Wälder sind größtenteils unbesiedelt, wenn man von einigen Kleinstädten absieht. Fast alle wichtigen Orte und Sehenswürdigkeiten sind geradezu in die vier Ecken des Staates gedrängt.
Im äußersten Nordosten erstrecken sich die Black Hills über die Grenzregion von Wyoming und South Dakota. Dort findet man - teils allerdings schon in South Dakota - die in Stein gemeißelten Präsidentenköpfe am Mt. Rushmore, den Devils Tower sowie die

Nationalparks Jewel Cave und Wind Cave. Im Nordwesten liegen der Yellowstone Nationalpark, das Skigebiet Jackson Hole und der Grand Teton Nationalpark. Zwar fehlen im Südwesten die ganz großen Attraktionen, aber dafür ist die Region dichter besiedelt als die einsamen Weiten in der Mitte des Staates. Am Interstate 80 nahe der Grenze zu Utah reihen sich die Städte Evanston, Lyman, Green River und Rock Springs aneinander. Das Flaming Gorge Reservoir bietet als Stausee des Flusses Green River viele Naherholungsmöglichkeiten.
Fehlt noch die letzte der vier Ecken: im Südosten liegt zwischen zwei landschaftlich reizvollen Gebirgszügen die Universitätsstadt Laramie. Schon kurz vor Colorado im Süden und Nebraska im Osten folgt die Landeshauptstadt Cheyenne. Im Sommer findet hier das größte Rodeo Nordamerikas statt. Aber dazu später mehr... Während die wichtigsten und größten Städte der meisten anderen Bundesstaaten über eine belebte Innenstadt, ein Bankenviertel und zahlreiche Hochhäuser verfügen, existieren in Cheyenne gerade einmal einige Straßenzügen mit überwiegend vier- bis fünfgeschossigen Bürogebäuden und Geschäften im historischen Wildwest-Stil. Der Rest von Cheyenne besteht aus den üblichen Wohnvierteln einer amerikanischen Kleinstadt und den typischen Hauptstraßen mit Einkaufszentren, Fast Food-Restaurants und Tankstellen. Und so befindet sich das höchste Gebäude des gesamten Staates Wyoming auch nicht in der Hauptstadt sondern in Laramie. Dabei handelt es sich um ein zwölf Etagen hohes Studentenwohnheim.
Das bemerkenswerteste Bauwerk in Cheyenne ist für mich das *State Capitol*, der Parlamentssitz des *Cowboy State*. Die *State Capitols* stehen in den jeweiligen

Hauptstädten aller Bundesstaaten. Fast alle imitieren mit ihrer Kuppel das beeindruckende Capitol in Washington, in dem der US-Kongress tagt. Im Ölförderstaat Oklahoma stehen - äußerst passend - direkt vor dem dortigen Sitz der Landesregierung einige Bohrtürme, während das riesige *Capitol* im texanischen Austin sogar 14 Fuß höher als das nationale Regierungsgebäude in Washington ist. Und was ist die Besonderheit an der Version im *Cowboy Country*? Der Sitz der Legislative in Cheyenne besticht durch sein gold glänzendes Dach. Die Erinnerung an das goldene Zeitalter des Rinderhandels und des Eisenbahnbaus lebt in der hell strahlenden Kuppel weiter.

Natürlich fällt es nicht schwer zu erraten, welche Berufsgruppe im *Cowboy State* mit seinen vielen Weiden und darauf lebenden Rinderherden überproportional vertreten ist. Doch nicht nur die Mehrheit der Farmer und Rancher stellt in dem ländlich geprägten Bundesstaat eine erwähnenswerte Menge dar. Hervorzuheben sind auch die Angestellten der Industriezweige, die sich mit der Gewinnung von Rohstoffen beschäftigen. Kohlebergbau, Erdölförderung und Methangewinnung zählen heute zu den wichtigsten Wirtschaftszweigen Wyomings. So werden zum Beispiel pro Jahr über 400 Millionen Tonnen Kohle in den verschiedenen Bergwerken abgebaut.

Neben der traditionellen Viehwirtschaft und der Rohstoffgewinnung spielen durchaus "moderne" Wirtschaftszweige eine wichtige Rolle in den Kleinstädten und Dörfern im einsamen Hochland: so haben sich zum Beispiel viele Computerprogrammierer in Wyoming niedergelassen. Bereits im Jahr 2000 verkündete der damalige Gouverneur Jim Geringer, dass Wyomings Schulen im nationalen Vergleich die besten Internet-Verbindungen haben. Denn im Zeitalter des World Wide Web kann man schließlich auch in den einsamsten Regionen mit der ganzen Welt per E-Mail oder Chat in Verbindung bleiben. Überhaupt scheint es, als würde die wilde Schönheit der Natur die Kreativität der Einheimischen fördern. Ein passendes Beispiel dafür ist Dan, ein Mann wie ein Baum und aufgewachsen auf einer Ranch bei Douglas. In seinem Flanellhemd und abgetragenen Jeans sieht er aus, als würde er jede Minute bei den Rindern des Familienbetriebs auf der Weide verbringen. Um sein Geschick zu präsentieren, fängt er Rinderkälber mit bloßen Händen. Aber seine Finger vermögen auch filigrane Arbeit zu verrichten. Dans Leidenschaft gilt dem Schreiben von Gedichten. Mit Versen und Texten über die geliebte Heimat verbreitet er Wild West Romantik.

Leider zieht es viele Kunstbegeisterte und Kreativköpfe aus Wyoming fort. Die kulturelle Metropole Denver und die Universitätsstädte Boulder und Fort Collins in der boomenden Front Range Area bieten bessere Alternativen für viele freischaffende Kreative. Wer die Kunst nicht nur zur persönlichen Erfüllung betreibt, hat dort oft bessere Chancen sein Produkt zu vermarkten. Ein Freund von mir, der Autor Brian van Hise, schreibt schon während seines Nebenjobs in einer Tankstelle in Laramie an seinem ersten Buch. Fertig mit dem Werk *The Suicide Treatment* wird er allerdings erst außerhalb Wyomings. Die letzten Zeilen entstehen als er Laramie, Uni und Zapfsäule hinter sich lässt und sich in Denver ansiedelt. Auch Patrick, früherer Mitarbeiter der Unizeitung *Branding Iron* (auf deutsch "Brandeisen") in Laramie, zückt seine spitze Feder mittlerweile anderswo. Für ein alternatives Magazin in Portland, Maine, verfasst er regelmäßig eine Kolumne namens

That's my Dump! Inhaltlich geht es dabei um Abbruchhäuser in der ganzen Stadt. In jeder Ausgabe wird eines der verlassenen Objekte vorgestellt. Keine Ahnung, ob er sich dabei von den Geisterstädten seines Heimatstaates hat inspirieren lassen.
Ethan aus der Kleinstadt Wheatland suchte mit seiner Punkband *America's Greatest Athlete* vor einigen Jahren vorwiegend Auftrittsmöglichkeiten im nördlichen Colorado. Denn in Wyoming, dem Staat in dem fast nur Country Musik und Mainstream Pop aus dem Äther tönt, haben Punk Rocker nur geringe Existenzchancen auf dem Musikmarkt. Die wenigen Clubs in der Unistadt Laramie oder den etwas größeren Orten Cheyenne und Casper reichen für ausgedehnte Tourneen oder ständige Gigs einer alternativen Band nicht aus.
Diese Einzelschicksale sind typisch für Wyoming. Wie es der einheimische Geschichtsprofessor Phil Roberts beschreibt, war der Bundesstaat schon immer eine "*road to somewhere else*". Soll heißen: viele Menschen kommen nach Wyoming, aber mindestens genau so viele verschwinden auch mehr oder weniger schnell wieder von hier. Der renommierte Historiker berichtet von Trappern, Händlern, Cowboys, Minenarbeitern und Eisenbahnern. Sie alle haben einen festen Platz in der Geschichte der Region. Aber für alle war Wyoming nur eine Station auf ihrem Lebensweg. Trapper und Fallensteller jagten im 19. Jahrhundert Biber und andere Tiere, um genügend Geld für eine kleine Farm weiter im Osten zu sparen. Händler tauschten ihre Waren mit den Trappern und Indianern, um daraufhin ihre Einnahmen östlich des Mississippi wieder auszugeben. Die Eisenbahner legten die Schienen und verschwanden auf der neuen Strecke in Richtung Westen. Die Siedler mit ihren

Felsformationen zwischen Laramie und Cheyenne

Planwagenkolonnen durchquerten die Hochebenen Wyomings auf dem legendären Oregon Trail oder dem Overland Trail in Richtung der Pazifikküste.
In der Gegenwart hat sich nur wenig geändert: Jeden Tag fahren zehntausende Reisende auf dem breiten, gut ausgebauten Interstate 80 durch den *Cowboy State* aber nur eine Minderheit verweilt auch dort. Der durchschnittliche Autofahrer auf dieser kontinentalen Ost-West-Verbindung von Chicago bis nach San Francisco kommt aus Richtung Nebraska und verschwindet dann nach einer halben Tagesfahrt durch Wyoming wieder nach Utah. Gehalten wird nur für eine Mittagspause oder einen Toilettenstopp an der Tankstelle oder an einem Fast Food Restaurant. Und auch die großen Passagierflugzeuge hinterlassen bloß ihre lang gezogenen Kondensstreifen am klaren Himmel, ohne auf einem der kleinen Landestreifen oder regionalen Flughäfen einen Zwischenstopp einzulegen.
In vielen Gesprächen mit den Anwohnern wird mir klar, dass die meisten Menschen der Region sogar

froh darüber sind. Sie wollen ihr Land so erhalten wie es ist: einsame Farmen, kleine Dörfer und jede Menge Natur. Eine Bevölkerungsexplosion wäre für viele von ihnen der schlimmste Alptraum. Besucher werden freundlich willkommen geheißen und man begegnet ihnen mit großer Offenheit. Schließlich ist die Tourismusbranche eine der Haupteinnahmequellen und einer der wichtigsten Wirtschaftszweige. Aber der Tourismus in Wyoming beruht eben auch auf den Traditionen des Wilden Westens und den Schönheiten der Natur. Schließlich beheimatet man mit dem 1872 gegründeten Yellowstone Nationalpark den ältesten Naturschutzpark des gesamten Landes. Der Lavaberg Devils Tower kann auf eine ähnlich lange und stolze Geschichte zurückblicken. Präsident Theodore Roosevelt erklärte den Berg und die Hügel, Pinienwälder und Prärien in der Umgebung 1906 zum ersten National Monument der USA.

Besucher im Cowboy Country werden geradezu von den romantisch-wilden Geschichten der Trapper und Rancher des 19. Jahrhunderts inspiriert und wollen hier ihr ganz persönliches Wildwest-Abenteuer erleben - leider manchmal auch ohne sich möglicher Risiken bewusst zu sein. Folgende Episode spielt sich im Wind River Canyon ab. Im Hot Springs County schneidet sich der Fluss tief in die Owl Creek Mountains ein. Der kleine Highway 20 von Thermopolis nach Shoshoni führt parallel zu dem schnell strömenden Wind River durch die Schlucht. Zusammen mit einigen Freunden aus Deutschland halte ich an einem Parkplatz, um ein paar Fotos zu schießen und das Panorama zu genießen.

Aus einem harmlosen Gespräch über die Strömung des flachen, mit Stromschnellen gespickten Gewässers entsteht eine Wette. Ein Kamerad, dessen Namen

ich aus Rücksicht verschweige, wettet, innerhalb von 15 Minuten auf die andere Seite des Flusses zu gelangen. Dazu muss er zuerst die felsige Böschung hinunter klettern, dann von Stein zu Stein über den Fluss hüpfen und am anderen Ufer wieder hinauf kraxeln. Wir nehmen die Wette an und schon schreitet er zur Tat. Schnell geht es für unseren tapferen Wettkandidaten den kleinen Felsabhang zum Wasser runter. Kein Problem für unseren Kumpel. Doch die aus dem Fluss heraus ragenden Steine erweisen sich als äußerst glitschig.
Und so kommt es wie es kommen muss: Unser mutiger Mitstreiter gerät ins Straucheln und stürzt in die eisigen Fluten des Gebirgsflusses. Im hüfthohen Wasser wird er von der Strömung mitgerissen. Durch Stromschnellen und an Felsbrocken vorbei treibt er stromabwärts. Erst an der nächsten Flussbiegung erreicht der Draufgänger das rettende Ufer. Völlig erschöpft hockt er sich an der Böschung hin. Wette gewonnen, Klamotten durchnässt. Und der Rückweg steht erst noch bevor. Glücklicherweise übersteht unser Freund auch den Weg zurück zur Straße ohne größere Blessuren. Anstatt von Stein zu Stein zu balancieren, überwindet er den Fluss lieber schwimmend. Wir empfangen ihn mit einer wärmenden Decke und trockener Kleidung. Dann wird die Autoheizung voll aufgedreht. Das Resultat ist zwar eine gewonnene Wette, aber auch ein glücklicherweise glimpflich verlaufener Ausflug, der durchaus mit Prellungen, Brüchen oder einer kräftigen Erkältung hätte enden können.
Wer also auf der Suche nach einem Abenteuer ist, sollte sich lieber bei Einheimischen vorab genau informieren oder eine der zahlreichen Touren regionaler Veranstalter buchen. Das Angebot ist vielfältig.

Sportliche Touristen können durch Canyons klettern, auf den Flüssen Wildwassertouren unternehmen, beim Ranchurlaub das Cowboy-Handwerk erlernen und sich am Abend dann in den heißen Quellen der Kleinstadt Thermopolis oder in den Whirlpools der zahlreichen Hotels im ganzen Staat entspannen. Der mondäne Skiort Jackson lockt sogar die reichsten Touristen an. Hollywood-Star Harrison Ford besitzt dort eine Ranch und fliegt regelmäßig mit seinem Privatjet ein - und verlässt den Staat auch genauso regelmäßig wieder. Und so ist zu befürchten (oder zu hoffen), dass der viele leere Platz, die einsamen Prärien, Wälder und Gebirge des Staates nicht allzu schnell dauerhaft mit Neubürgern gefüllt werden. Der moderne Wilde Westen bleibt seinen Bewohnern noch eine Weile erhalten.

Ohne Auto läuft hier gar nichts

"Eine große Landstraß' ist unsere Erd',
Wir Menschen sind Passagiere"
(Lebensgruß, Buch der Lieder, Heinrich Heine, 1827)

Mit spielender Leichtigkeit zieht das Monstrum auf 18 Rädern an mir vorbei, erst das chromblitzende Führerhaus und dann Achse um Achse des langen Anhängers. Ich kann dem mächtigen Truck nur hinterher blicken. Während der Lastwagen mit 65 Meilen pro Stunde hinter der nächsten Gebirgskuppe verschwindet, zieht die massive Bergwelt der Rocky Mountains nur halb so schnell an mir vorbei. Geradezu schleichend geht es mit 30 Meilen pro Stunde auf dem Interstate 70 von Georgetown, Colorado, in Richtung Summit County, dem größten Skiparadies in den Rocky Mountains. In Summit County und der näheren Umgebung befinden sich die Skiresorts Vail, Breckenridge, Keystone, Arapahoe Basin, Copper Mountain und Loveland. Die Strecke in Richtung Summit County ist allerdings kein Paradies für meinen altersschwachen Geländewagen. Bergauf hat mein 15 Jahre altes Schmuckstück immer seine Probleme.
Entdeckt habe ich meinen Möchtegern-Flitzer bei einem Gebrauchtwagenhändler in Laramie. Den Laden hat mir ein deutscher Professor, der schon seit Jahrzehnten in den Vereinigten Staaten wohnt, wärmstens empfohlen. Als angesehenes Mitglied der Gemeinde ist er mit Jedermann gut bekannt. So auch mit den Betreibern des vorgeschlagenen Autohauses. Wenn ich dort vorbei schaue, soll ich auf jeden Fall sagen, dass ich die Empfehlung von ihm habe. Gesagt, getan, jetzt stehe ich also gegenüber eines *Home*

Depot-Heimwerkerladens auf der Hauptverkehrsstraße von Laramie. Links eine Autowaschanlage, rechts ein Fast Food Restaurant und direkt dazwischen das gesuchte Autohaus.
Ich betrete das einstöckige Flachdachgebäude und wende mich an die erstbeste Person die mir über den Weg läuft. Sie verweist mich einen Schreibtisch weiter an den Bekannten meines Landsmannes. Wie auch die restlichen Verkäufer der Firma widerspricht er jeglichen Autohändler-Klischees aus deutschen Landen. Von Anzug, Krawatte, weißem Hemd und glatter Business-Ausstrahlung ist weit und breit nichts zu sehen. Stattdessen tritt mir ein circa 50-jähriger Mann in Cowboystiefeln, Jeans und kariertem Flanellhemd entgegen. Mein Blick wird durch ein metallisches Aufblinken abgelenkt. Fast so groß wie eine Männerfaust prangt eine silberne Gürtelschnalle an der alten Jeans des Verkäufers.
Die so genannten *buckles* sind für viele Bewohner der westlichen Bundesstaaten eine Art Statussymbol - je auffälliger, desto besser. Es gibt sie mit Büffelköpfen oder Adlern, mit indianischen Totemsymbolen oder Perlen, in goldenen Farben oder metallischem Silberglanz. Die Gürtelschnalle des Autohändlers meines Vertrauens stellt einen gehörnten Stier dar. Warum Gürtelschnallen sich in dieser Region zu einem so wichtigem Accessoire entwickelt haben, kann ich nur mutmaßen. Wahrscheinlich handelt es sich um ein Relikt aus der Zeit der Viehtriebe. Die Reithosen der Cowboys mussten auf den Trecks mit tagelangen Ausritten hoch zu Ross einfach perfekt sitzen. Da hilft eine große und stabile Gürtelschnalle natürlich. Und wenn diese nützliche Halterung dann auch noch möglichst groß und teuer aussieht, kommt man(n) nach erledigter Arbeit beim Whiskey im Saloon bei

den Damen wahrscheinlich besser an. Ob der Autoverkäufer seinen auf Hochglanz polierten Hosenhalter aus ähnlichen Gründen spazieren führt, weiß ich nicht.
Aus der Mundöffnung irgendwo zwischen Schnurrbart und Drei-Tage-Stoppeln ertönt ein gegrummeltes *howdy* zur Begrüßung. Ich richte ihm schöne Grüße vom Professor aus und schon hellt sich sein zerfurchtes Gesicht merklich auf. Dann führt mich die einheimische Fachkraft für Pferdestärken in Richtung Gebrauchtwagensammlung. Wir gehen durch eine beeindruckende Menge Pick-ups, Geländewagen und anderer Ami-Schlitten. Leider sind die meisten Prachtexemplare zu teuer für mein bescheidenes Budget.
Also führt mich der Händler weiter durch die hinteren Reihen des Sortiments. Die Autos werden rostiger und älter. Doch dann erstrahlt ein silberner Schein zwischen den altehrwürdigen Karossen. Na gut, vielleicht passt die Wortwahl vom Silberschein nicht wirklich auf das eben gesichtete Automobil. Der Glanz ist größtenteils ab. Der Wagen wirkt eher silbrig matt. Aber ansonsten trifft er genau meinen Geschmack - und das Fassungsvermögen meines Geldbeutels. 2.000 Dollar soll ich bezahlen und erhalte dafür einen Geländewagen mit 70.000 Meilen auf dem Buckel, einem großen Innenraum für Mitreisende und dem entsprechenden offenen Kofferraum für Reisetaschen und Wintersportutensilien. Natürlich hat das Auto amerikanischer Bauart einen Allradantrieb mit dem man sich durch den Schnee und Matsch abseits der Hauptstraßen kämpfen kann.
Also her mit dem Kaufvertrag, schnell unterschreiben und schon besitze ich einen wahren Klassiker, der mich auf den kommenden Reisen durch die Staaten

Mein Schmuckstück: ein alter Jeep aus dem Jahr 1984

tragen wird. Die Zulassung ist denkbar einfach. Mit einer Versicherungsbestätigung in der Tasche besuche ich das Gerichtsgebäude, in dem auch die Verkehrsbehörde von Laramie sitzt. Im Gegensatz zu den überfüllten Zulassungsstellen in Deutschland brauche ich hier keine Nummer ziehen und mich nicht in eine lange Schlange wartender Kunden einreihen. Stattdessen wird mein Antrag sofort bearbeitet. Ein paar Dollar für die Zulassung wechseln den Besitzer und eine Bürotür weiter bekomme ich meine Nummernschilder ausgehändigt.

Den Berg in Richtung Summit County schafft mein Wagen übrigens auch - wie fast jedes Winterwochenende, wenn es in Richtung Skigebiete geht. Langsam bringt er mich überall im Lande an mein Ziel. Insgesamt 34.000 Meilen füge ich dem Kilometerzähler in zwei Jahren hinzu. Von Wyoming über Salt Lake City nach Las Vegas, weiter nach Los Angeles, San Francisco und wieder zurück. Von Wyoming nach New Orleans, Panama City, Memphis, St. Louis und zurück. Von Wyoming quer durch South und North Dakota und wieder zurück.

Einige bange Momente verbringe ich zugegebenermaßen trotzdem mit schweißnassen Händen am Steuer. Wie zum Beispiel auf dem Weg quer durch die Steppe im nördlichen Texas. Irgendwo im Nirgendwo will mein Geländewagen nicht mehr. Ich kann Gas geben so viel ich will, aber der Motor setzt es nicht um und wir werden gnadenlos langsam. Und dass obwohl es dieses Mal nicht steil bergauf geht. Im Gegenteil der kleine Highway ist flach wie ein Brett und führt in Kurven vorbei an Feldern und Kuhwiesen. Eigentlich soll die Tour drei Freunde und mich in Richtung Dallas und von da aus weiter nach Louisiana führen. Doch nun scheint es, als müssten wir in der nächsten Kleinstadt einen Boxenstopp einlegen. Zum Glück entdecken wir nach einigen Meilen Fahrt im Schneckentempo ein Ortsschild am Horizont. Ich habe mittlerweile vergessen, wie diese kleine texanische Perle heißt, aber mehr als eine Tankstelle, einen Supermarkt, eine Post und ein paar Handwerksbetriebe scheint es dort sowieso nicht zu geben. Nun bleibt zu hoffen, dass unter den einheimischen Handwerkern auch ein Autofachmann ist. An der Tankstelle erkundigen wir uns und bekommen prompt die Telefonnummer eines Mechanikers ausgehändigt. Der gute Mann trifft dann auch ziemlich schnell ein, um einen Blick unter die Motorhaube zu werfen.

Doch nicht nur die Tücken der Technik verhindern, dass ich das zeitweise Ableben meines Autos verstehe. Der Kfz-Experte greift zwar beherzt mit seinen beiden dreckverschmierten Pranken in das Innere des Motorraumes und versucht netterweise auch, mir jeden einzelnen Schritt begreiflich zu machen. Aber ich kann nur mit einem hilflosen Achselzucken antworten. Warum eigentlich wird in den Schulen und anderen Lehrinstituten in Deutschland so viel Wert auf sauber artikuliertes Oxford-Englisch gelegt? Zum besseren Verständnis von lokalen Dialekten trägt das jedenfalls nicht bei. Der Mann unter meiner Motorhaube brabbelt so einen extremen Texas-Slang, dass er wohl auch von der Mehrheit der Ostküsten-Amerikaner nicht verstanden wird. Zwischen den einzelnen Silben und Wörtern fügt er immer wieder Schmatzgeräusche ein, die durch seinen exzessiven Kautabakkonsum entstehen.

So stehe ich also an einer Dorfstraße im ländlichen Texas und bemühe mich, einzelne Worte und Halbsätze zu identifizieren. Während ich gute Miene zum unverständlichen Spiel mache, gackern meine Mitfahrer auf Beifahrersitz und Rückbank munter drauf los. Durch die aufgeklappte Motorhaube von den Blicken des wirbelnden und grummelnden Mechanikers abgeschirmt, lassen sie ihrer guten Laune freien Lauf. Na gut, es muss auch komisch aussehen, wie ich auf die nicht verstandenen Äußerungen des Mechanikers mit möglichst ernstem Gesicht ein Nicken zustande bringe. Warum ich den Mann nicht einfach bitte, langsamer und deutlicher zu reden? Ha, ha. Was denken Sie, habe ich wohl anfangs noch getan. Das Resultat: eine extrem langsame Überbetonung der einzelnen Worte bei weit aufgerissenem Mund und freiem Blick auf die schwarze Tabakmasse zwischen den Kauleisten des Mechanikers. Nein danke, dann schon lieber nur jedes zweite, dritte oder vierte Wort verstehen.

Halt, stopp, jetzt hat er etwas vom *fuel filter*, dem Benzinfilter, erzählt. Langsam lösen sich die Rätsel und sprachlichen Barrieren. Die Ohren und vor allem mein Gehirn scheinen sich an den extremen Slang zu gewöhnen. Ich lasse mir sagen, dass so ein Filter verstopfen kann und sich dadurch der Kraftstoffzufluss verringert oder im Extremfall sogar komplett versiegt. Daraus resultiert also die fehlende Beschleunigung beim Gas geben. Lektion gelernt. So eine Reise mit einem leicht betagten Auto durch den Westen hat also auch eine fortbildende Wirkung. Ich werde versuchen, mein neu erworbenes Amateurmechanikerwissen in meinem Kopf abzuspeichern. Am besten direkt neben den Gehirnzellen mit den frisch erweiterten Sprachkenntnissen der Abteilung Texas-Slang.

Der erfahrene Autobastler zeigt sich von seiner freundlichsten und gar nicht amerikanisch-kapitalistischen Seite. Wenn er den Wagen reparieren würde, müsste ich zwei Tage auf das Ersatzteil warten. In so einer kleinen Stadt sei nun mal nicht alles sofort vorhanden, bedauert er kopfschüttelnd. Ein Kollege würde den Filter erst am nächsten Tag aus Wichita holen können. Außerdem habe er noch viele andere wartende Aufträge. Stattdessen gibt der Mechaniker mir den Tipp, bis nach Wichita weiter zu fahren, den Filter bei einem Autocenter zu kaufen und selber einzubauen. Das erspart mir die hohen Reparaturkosten und ein bis zwei Zusatznächte in einem kleinen Dorf in der Prärie.

Der Kfz-Mechaniker zeigt mir wie der Einbau funktioniert, reinigt den alten Filter noch einmal provisorisch und gibt mir eine ausführliche Wegbeschreibung zum Ersatzteilladen in Wichita. Auf die Frage nach seiner Bezahlung winkt der gute Mann ab, schließlich habe er ja kein neues Teil eingebaut und mir nur einen kleinen Tipp gegeben. Aber die Kosten für seine Anfahrt und den Zeitaufwand kann ich doch wenigstens übernehmen. Ein grinsendes Kopfschütteln ist die Antwort. Langsam fange ich an, diese Kleinstadt und ganz besonders ihre Einwohner zu mögen. Ich hoffe nur, ich habe ihn am Ende auch richtig verstanden. Nicht das im Postamt und an der Tankstelle des kleinen Ortes mittlerweile verblichene Fahndungsplakate mit meinem Antlitz und dem Hinweis *"Wanted! For not paying the mechanic"* prangen.

Nach der Verabschiedung von unserem Helfer im Blaumann haben wir keinen Grund, länger als unbedingt nötig in dem Dorf zu verweilen und schleichen daher im Schneckentempo weiter in Richtung Wichita. Der notdürftig gereinigte Filter scheint durchzuhalten. Die Dunkelheit holt uns ein und wir erreichen die Stadt im Norden von Texas am späten Abend gegen 23 Uhr. Doch von dem gesuchten Ersatzteilladen finden wir keine Spur. Jetzt kommen uns zwei amerikanische Gepflogenheiten zu Hilfe. Dank der scheinbar angeborenen Hilfsbereitschaft der Landbevölkerung entdecken wir den gesuchten Laden nahe des Interstate Highways. Mit der zweiten hilfreichen Eigenschaft meine ich das Fehlen jeglicher Ladenschlussgesetze. Sehr praktisch, denn in Deutschland hätten wir zu dieser Zeit wohl vor verschlossenen Türen gestanden. Doch im Land der unbegrenzten Möglichkeit erstrahlt die blaue Neonreklame schon aus weiter Ferne. Das "*Open*"-Schild baumelt an der Eingangstür.

In einem Labyrinth voller Regale mit Schrauben, Rohren, Rasenmähermotoren, Reifen und tausenden weiteren Ersatzteilen finden wir hoffentlich den passenden Filter. Der Verkäufer versichert mir, dass ich das Teil sofort umtauschen könnte, falls es nicht passt. Eine Taschenlampe drückt er mir auch noch in die Hand. Diese benötige ich auch dringend, denn beim Blick unter die Motorhaube erkenne ich ohne zusätzliche Beleuchtung trotz des Neonlichts auf dem

Parkplatz kaum etwas. Im Schein der Taschenlampe trenne ich den alten Benzinfilter von der Kraftstoffleitung und versuche das Ersatzteil einzubauen. Natürlich scheitere ich kläglich. Also gehe ich zurück in den Laden und zerre den Verkäufer mit nach draußen. Des Rätsels Lösung: es ist doch das falsche Ersatzteil und passt nicht zu meinem Geländewagentyp. Zum Glück funktioniert der Umtausch wie versprochen problemlos und ich starte mit einem anderen Filter den nächsten Versuch im Taschenlampenlicht. Nach einer weiteren dreiviertel Stunde mit dem Kopf unter der Motorhaube und jeder Menge Schmiere, Dreck und Öl an den Fingern geschieht ein Wunder. Der neue, korrekte Filter sitzt tatsächlich fest an der Kraftstoffleitung. Zum ersten Mal habe ich ein Auto repariert - natürlich nur dank tatkräftiger Unterstützung meiner Mitreisenden, des Mechanikers und des Verkäufers im Ersatzteilladen.

Das Leben im Westen fördert eben das handwerkliche Geschick und damit die Überlebensfähigkeit seiner Bewohner. Die *Do-it-yourself*-Mentalität aber auch die gegenseitige Unterstützung unter den Mitmenschen ist in dieser Region zum Glück noch die Regel und nicht die Ausnahme. Dabei handelt es sich um ein erhaltenswertes Relikt aus der Zeit der Eroberung und Besiedlung der Prärien und Berge. Notgedrungen wurden die Siedler damals unter harten Lebensbedingungen auch zu Meistern der Improvisation. Die Wild-West-Gesellschaft des 19. Jahrhunderts überlebte durch gegenseitige Hilfe - was auch die folgende kleine Anekdote aus der Gegenwart zeigt.

Bei einem Besuch auf einer Rinderfarm in der Nähe der Kleinstadt Douglas am Interstate 25 ziemlich in der Mitte Wyomings werde ich mit einigen Freunden

vom Junior-Chef der Ranch zu einer Tour über das Gelände eingeladen. Nach einer kleinen Stärkung in der rustikalen Küche des Wohnhauses besteigen wir einen Pick-up Truck. Das mit getrockneten Schlammspritzern bedeckte Fahrzeug mit seinen übergroßen Reifen und der offenen Ladefläche trägt uns von den Gebäuden des Anwesens in Richtung *open range*, dem offenen Weideland der Ranch. Auf einer holperigen Sandpiste fahren wir durch hügeliges Grasland. Neben dem Fahrer können ganz bequem drei Personen sitzen. So bleibt die Ladefläche verschiedenen Werkzeugen vorbehalten, die bei jedem Huckel polternd auf und ab hüpfen. Nach einem Wolkenbruch in der vergangenen Nacht sind noch zahlreiche große Pfützen auf dem Acker zurückgeblieben. Wir preschen mit Karacho durch die Wasserlöcher. Kein Wunder, dass der Pick-up so dreckig aussieht.
Doch beim nächsten Schlammloch begeht unser Fahrer einen Fehler. Die sumpfartige Wasserlache ist zu lang gezogen. Außerdem wird die vermeintlich harmlose Pfütze in der Mitte so tief, dass sogar unserem PS-starken Pick-up die Luft ausgeht. Das Allradfahrzeug hat nicht genug Schwung, um die Pfütze zu durchqueren und so bleiben wir in der Mitte stecken. Dann wird uns wohl nichts anderes übrig bleiben, als die Hosenbeine hochzukrempeln, in das Schlammloch zu steigen und den Wagen anzuschieben. Das kann ja heiter werden. Ich sehe mich in Gedanken schon bis zum Haaransatz mit braunem Dreck bedeckt.
Doch der gute Mann winkt grinsend ab. Wir würden den Truck ohne fremde Hilfe sowieso nicht frei bekommen. Aber wozu gibt es schließlich Funkgeräte? Da die Handynetze in den Weiten des Westens oftmals noch recht lückenhaft sind, nutzen viele Ein-

heimische ihre Handfunkgeräte zur Kommunikation. Unser schnell über den Äther gesendeter Hilferuf wird prompt erhöht und schon nach zehn Minuten schießt ein weiterer Pick-up heran. Dessen Fahrer besitzt glücklicherweise genügend Umsicht und kommt noch vor dem Schlammloch zum Stillstand. Es ist ein benachbarter Rancher, der uns mit seinem Abschleppseil zu Hilfe kommt. Die folgenden Minuten erscheinen mir wie die Live-Übertragung eines Monstertruck-Rennens. Stark motorisierte Ungetüme mit aufjaulenden Motoren, durchdrehende Reifen, spritzender Schlamm und Abgasqualm überfordern meine Sinne. Dann ist plötzlich alles vorbei und wir stehen mit unserem Auto wieder auf trockenem Grund. Grinsend und ohne viele weitere Worte steigt unser "Retter" wieder in sein Fahrzeug. Gegen unsere Dankbarkeit scheint er immun zu sein. Für ihn war die Bergung reine Selbstverständlichkeit, denn schließlich hilft man sich in dieser Region unter Nachbarn.
Da bringt man dem Joe oder John von der Nachbarfarm auch schon mal ein paar Artikel aus dem Supermarkt mit. Aber nur falls noch Platz auf der Ladefläche des eigenen Pick-ups ist... Denn wenn der typische Bürger Wyomings schon in Richtung Einkaufsladen fährt, dann aber richtig. Also rein in den Wagen mit Frau und Kindern. Schließlich kann jede Person einen Einkaufswagen durch die mit Konsumgütern und Naturalien gefüllten Gänge der Supermärkte schieben. Mit so viel Stauraum ausgestattet, legt die Einkaufstour einen Zwischenstopp an der Kasse ein. Die unzähligen Produkte werden von der studentischen Hilfskraft in dutzenden Plastiktüten verstaut. Leider weisen diese eine meist nur geringe Tragkraft und Reißfestigkeit auf, vom Umweltbe-

wusstsein einmal ganz zu schweigen. Oder landet bei Ihnen auch nach jedem Großeinkauf eine zweistellige Anzahl von Plastiktüten im Mülleimer?
Nächster Stopp ist der riesige Parkplatz des Ladens mit dem passenden Beinamen *Super Store*, denn schließlich handelt es sich bei diesem Konsumtempel am Stadtrand Laramies um einen der größten Supermärkte des gesamten Bundesstaates. Und beinahe genauso groß ist auch der Einzugsbereich aus dem die Kundschaft stammt. Sie erinnern sich: Wyoming hat eine Ausdehnung wie Westdeutschland. Waren Sie schon einmal in einer drei Stunden entfernten Stadt einkaufen, nur weil der dortige Supermarkt die Grundfläche eines Fußballstadions hat? Für viele Farmer ist der Ausflug zum monatlichen Großeinkauf das absolute Highlight. In 4-Liter-Kanistern wandern Milch und Saft auf die Ladefläche des Autos. Nicht nur zu *Thanksgiving* werden ganze Truthähne verstaut und daneben stapeln sich Cola, Konserven und andere Grundnahrungsmittel. Wenn man schon ein großes Auto hat, muss man den Platz schließlich auch nutzen.
Während meiner jüngsten Reise nach Wyoming begegnet meiner Frau und mir auf dem Parkplatz eines Motels eine Person, die anscheinend wirklich jeden Kubikzentimeter Platz in ihrem Wagen mit Taschen, Jacken und unzähligen Kleidungsstücken gefüllt hat. Fast scheint es, als würde diese Frau in ihrem großräumigen Geländewagen wohnen und nur hin und wieder die Annehmlichkeiten eines einfachen Motelzimmers mit weicher Matratze und warmer Dusche genießen. Nun sind wir zu diesem Zeitpunkt mit einem Mietwagen unterwegs an dessen Heck ein kalifornisches Nummernschild prangt. Beim Beladen des Autos kommt es zum üblichen Smalltalk mit der

ebenfalls Taschen schleppenden mutmaßlichen Autobewohnerin. Und prompt ertönt die Standardfrage: *"Where are you from?"* Auf unsere Antwort *"Germany"* entgleisen ihr für einen Moment die Gesichtszüge. Sie beugt sich nach vorne, um nochmals einen Blick auf unser Nummernschild zu erhaschen. Anscheinend hat die gute Dame eher mit Los Angeles oder San Francisco als Antwort gerechnet. Wo in Kalifornien liegt eigentlich dieses Germany? Muss ja ein verdammt kleines Nest sein. Nur langsam scheint ihr zu dämmern, dass in einem Auto mit kalifornischen Nummernschild nicht auch unbedingt ein Bewohner eben jenes Staates sitzen muss. Kein Kommentar.
Trotz schwerer Beladung sollte auf jeden Fall im Auto noch Platz für einen gefüllten Reservekanister sein. Denn der Weg zur nächsten Tankstelle kann manchmal unendlich lang werden. Insbesondere wenn die Nadel der Benzinanzeige gen Null im roten Bereich tendiert. Bei der Fahrt von Shoshoni auf dem Highway 20, dem *Yellowstone Highway*, in Richtung Casper entdecke ich auf der Landkarte immerhin vereinzelte Ortsnamen. Moneta, Hiland, Waltman und Natrona reihen sich in Abständen von jeweils circa 20 Meilen aneinander. Mit der absolut festen Überzeugung jeder noch so kleine Ort im Land des Automobils würde eine Tankstelle besitzen, drücke ich das Gaspedal durch. Der Tank ist zwar schon recht leer, aber die paar Meilen bis Moneta wird es schon noch reichen. Stimmt sogar, aber ein Problem bekomme ich, als sich Moneta als Dorf ohne eine einzige Tankstelle entpuppt. Leicht nervös und mit schwitzigen Händen am Lenkrad steuere ich daher weiter nach Hiland. Bestimmt finde ich dort eine Zapfsäule. Von wegen. Fehlanzeige. Ganze acht Mei-

len sind es jetzt noch bis Waltman. Die Tanknadel ist im roten Bereich und sollte es auch im nächsten Ort keine Befüllmöglichkeit geben, dann habe ich ein großes Problem. Zumal es langsam dunkel wird und man in Ansiedlungen ohne Tankstelle auch kaum eine Unterkunftsmöglichkeit in Form eines Motels findet.
Die Straße zieht sich endlos gerade durch die Prärie. Als am Horizont Häuser auftauchen steigt die Spannung. Und dann die Erlösung: selten habe ich einen so schönen Anblick gesehen, wie von einer Zapfsäule, die silbrig-rostig die Strahlen der untergehenden Sonne reflektiert. Im Inneren des Verkaufsraumes brennt noch Licht und der Tag ist gerettet. Die Tankstelle entpuppt sich als Dreh- und Angelpunkt des gesamten Ortes. Neben dem Kraftstoffverkauf handelt es sich um den einzigen Supermarkt und die Post des Dorfes. Es würde mich nicht wundern, wenn die Dame hinter dem Tresen in der kleinen Ansammlung von Behausungen auch noch die Ämter der Bürgermeisterin, der Richterin und der Polizeibeamtin innehätte.
Aber immerhin hat die gute Frau noch ein paar Nachbarn und haust nicht alleine in der kleinen Siedlung. Das sieht in Lost Springs im Osten Wyomings nahe der Staatsgrenze zu Nebraska schon ganz anders aus. Der Name des Dorfes spricht für sich: auf dem Ortsschild steht wie in den USA üblich die Einwohnerzahl. Und im Falle von Lost Springs zeigt die grüne Tafel mit weißer Schrift lediglich eine "1" an. Im "L" von Lost Springs prangt ein kreisrundes Einschussloch unbekannten Kalibers. Eine trostlose Siedlung: Am Ortsrand führen der Highway und eine Eisenbahnlinie vorbei. Entlang des Bahndamms erheben sich vereinzelte alte Häuser. Schon aus weiter Ferne

Mitbewohner gesucht! In Lost Springs langweilt sich der einzige Bewohner des Ortes.

über der Prärie sichtbar steht an einem Hause in roten Lettern "*Bar*" geschrieben. Fragt sich, ob der einsame Bewohner von Lost Springs als Wirt sein eigener bester Kunde ist? Ansonsten gibt es hier Abwechslung nur in Form von mehrmals am Tag vorbei ratternden, ewig langen Güterzügen. Sie transportieren Kohle und andere Bodenschätze aus Wyoming zur Weiterverarbeitung in andere Regionen.

Geisterstädte sind keine Seltenheit im Cowboy Country. Sie sind oftmals auch eine Folge der Mobilität und der Erschließung des Westens. Das Online-Portal Ghosttowns.com listet 71 verlassene Siedlungen in Wyoming auf. Lost Springs zählt übrigens noch nicht einmal dazu - schließlich verzeichnet der Ort ja auch noch einen Bewohner. Als die ersten Eisenbahnstrecken im 19. Jahrhundert entstanden, ließen sich die Arbeiter nur für begrenzte Zeit entlang der neuen Verbindungstrassen nieder. Sobald die

Gleise verlegt waren, zog der ganze Tross weiter. Diese sich stets fortbewegende Kleinstadt wurde aufgrund der vorherrschenden rauen Sitten als *hell on wheels* bezeichnet. In der "Hölle auf Rädern" waren Schießereien, Schlägereien und Trinkgelage an der Tagesordnung. Wilder war der Westen nur selten.

Lediglich an einigen verkehrsgünstig gelegenen Stellen überlebten die Ortschaften auch nach dem Weiterziehen der Gleisbauer. Zu den ehemaligen Eisenbahnersiedlungen zählen zum Beispiel Laramie, Cheyenne, Rawlins und Rock Springs im Süden des Staates. Weitere kleine Ortschaften entstanden, als die ersten regionalen Landstraßen gebaut wurden. Diese meist ungepflasterten, staubigen Pisten verbanden die neuen Kleinstädte, erschlossen Bergwerke und verschafften Farmern und Ranchern einen Anschluss an die Außenwelt.

Doch als Automobile im 20. Jahrhundert die Kutschen und Pferdegespanne ablösten, wurde der Ruf nach neuen Straßen laut. Auch die Politiker im fernen Washington verlangten Überlandstraßen quer durch das ganze Land von Chicago nach San Francisco und als Verbindungen zwischen weiteren Metropolen. Diese neuen Interstate Highways führten nicht mehr kurvig, kreuz und quer durch Wyoming, sondern auf gerader Strecke von Ost nach West. Zwei asphaltierte Fahrspuren in jede Richtung. Dazwischen ein meterbreiter Grünstreifen. Diese amerikanischen Fernstraßen durchschneiden mittlerweile den gesamten Kontinent. Nummeriert sind die Interstates im ganzen Land mit zweistelligen Zahlen. Die Straßen mit einer 0 am Ende, also im Fall von Wyoming und Colorado die Interstates 70, 80 und 90, führen in Ost-West-Richtung durch das Land. Die 5er-Endungen wie der Interstate 25, der auch durch Denver und Cheyenne

verläuft, sind von Süden nach Norden ausgelegt. Nur in den Gebieten um Großstädte und Ballungsräume gibt es auch dreistellige oder anders nummerierte Interstates. Aber das trifft in Wyoming sowieso nirgendwo zu. Und in Colorado kann lediglich die Metropole Denver einige Stadtautobahnen aufweisen.
Auf jeden Fall verloren die kleinen Landstraßen durch den Bau der Fernstraßen an Bedeutung. Viele Ortschaften fanden sich abseits der neuen Tangenten wieder. Etliche dieser so plötzlich "unwichtig" gewordenen Dörfer wurden von den Einwohnern verlassen und im ganzen Bundesstaat entstanden Geisterstädte. Andere Ansiedlungen wurden von ihren Bewohnern aus wirtschaftlichen Gründen verlassen: Minen wurden komplett ausgebeutet oder in Zeiten von Rezessionen bedeutungslos. Die Bergwerksarbeiter zogen weiter und hinterließen leere Holzhütten. Ein solcher Fall ist Miner´s Delight am Highway 28 südlich von Lander im Freemont County. Revolverheldin Calamity Jane lebte für einige Zeit in dieser geradezu idyllischen Siedlung. Die Häuser stehen auf bewaldeten Hügeln. Es gibt einen kleinen See und einen dahin plätschernden Bach. Wer Miner´s Delight heutzutage besucht, sollte aufpassen: einige der steil abwärts führenden Minenschächte sind als Löcher in der Erde kaum abgesichert. Die Blockhäuser sind einsturzgefährdet und überall liegen Relikte aus der Blütezeit des Dorfes herum.
Wer ein wenig Nostalgie tanken will, dem empfehle ich einen Zwischenstopp in einem dieser verlassenen Nester. Sehr leicht zu erreichen ist Bosler in Albany County. Von Laramie fahre ich etwa eine halbe Stunde den Highway 287 nach Norden. Kurz nachdem der mehr befahrene Highway 34 nach Wheatland abbiegt, erreiche ich die Geisterstadt. Auch Bosler fiel den

neuen, größeren Verbindungsstraßen zum Opfer. Außerdem wurde eine durch den Ort führende Eisenbahnlinie still gelegt. Jetzt stehen die leeren Holzhütten einsam auf der Hochebene. Ich erkenne ein verfallenes Schulhaus, ein ehemaliges *Post Office* und einige Wohnhäuser. Der stetige Wind pfeift durch die Ritzen der Holzbretter. Nur etwa 15 Bewohner haben einst in Bosler gelebt. In anderen Siedlungen wie South Pass City waren es bis zu 2.000 Menschen, die ihre Häuser verließen und ihre Heimatgemeinde zur Geisterstadt werden ließen. Jetzt schleichen nachts die Kojoten um die Hütten.

Beinahe ein bisschen wehmütig verlasse ich Bosler und fahre zurück in die Zivilisation mit Tankstellen, Restaurants, Neonlichtern und breiten Schnellstraßen auf denen Trucks die großen, modernen Supermärkte beliefern. Wehmut verspüre ich auch bei der Erinnerung an mein abschließendes Abenteuer hinter dem Steuer meines Geländewagens. An einem Tag im Mai muss ich mit meinem Wagen die 120 Meilen vom internationalen Flughafen in Denver nach Laramie fahren. Beim Verlassen der Parkgarage drehe ich mein Seitenfenster hinunter und stecke das Parkticket in den Automaten. Die Schranke geht auf, ich gebe Gas und greife wieder zur Fensterkurbel. Doch der Hebel hakt und das Fenster bleibt offen. Die Scheibe bewegt sich keinen Zentimeter. Dann probiere ich eben einmal etwas Neues und versuche, das Fenster per Hand hoch zu ziehen. Auch dieser Plan schlägt fehl. Zum Glück ist das Wetter noch recht angenehm und ich mache mich nur leicht genervt auf den Rückweg nach Laramie. Über den Interstate Highway geht es in Richtung Norden. Ab Tempo 50 macht sich das kaputte Fenster leider stark bemerkbar. Der Fahrtwind bläst so stark hinein, dass ich kaum das

Radio hören kann. Außerdem ist es sehr zugig und mir wird hinter dem Steuer ganz schön kalt. Denn eine wärmende Jacke habe ich an diesem eigentlich doch so lauen, schönen Maitag natürlich nicht dabei.
Ich gebe bestimmt ein seltsames Bild ab. Mit dem Oberkörper weit in Richtung Beifahrerseite gelehnt, versuche ich dem kalten Luftzug zu entgehen und lenke dabei den Wagen durch den Berufsverkehr. Ich kann förmlich die Gedanken der überholenden Fahrer lesen: "Warum macht der Typ bloß sein Fenster nicht zu, dann müsste er auch nicht so verkrampft und mit schrägem Oberkörper auf dem Fahrersitz hocken?" Würde ich ja gerne, aber leider macht die kaputte Fensterkurbel mir dabei einen Strich durch die Rechnung. Die Laune sinkt merklich, denn bei der maximal erträglichen Höchstgeschwindigkeit von 50 Meilen pro Stunde bei offener Seitenscheibe dauert die Fahrt bestimmt eine halbe Stunde länger als normal.
Jetzt bekomme ich auch noch unfreiwillig Gesellschaft. Durch das Fenster findet eine dicke Fliege den Weg in den Innenraum. Summend schwirrt sie um meinen Kopf und findet nicht mehr aus dem Wagen hinaus. Ein kaputtes Fenster und nervtötende Insekten sollten eigentlich ausreichen, aber es kommt leider noch schlimmer. Plötzlich ziehen dunkle Wolken auf und die ersten Tropfen fallen herab. Der Niederschlag nimmt zu und nach einigen Minuten peitscht der Regenschauer gegen mein Auto. Wieder macht sich das fehlende Glas bemerkbar und es wird langsam nass im Inneren des Wagens. Der Regen ist dann aber genauso schnell wieder vorbei, wie er angefangen hat. Kurz vor Laramie ist die Erde sogar noch knochentrocken. Das macht die Reise aber auch nicht angenehmer, denn jetzt weht mir Sand und Staub ins Gesicht. Na ja, wenigstens hat die Fliege sich in der

Zwischenzeit verabschiedet.
Diese Tour ist eine der letzten Fahrten mit dem ansonsten heiß geliebten Geländewagen. Wenig später kehre ich nach Deutschland zurück. Wie es meinem Gefährt seitdem ergangen ist, weiß ich leider nicht hundertprozentig. Ich befürchte allerdings das Schlimmste. Wahrscheinlich befindet sich die Karosserie mittlerweile zur letzten Ruhe auf einem Autofriedhof. Irgendwann macht schließlich auch das zuverlässigste Automobil schlapp. Vor meiner Abreise habe ich den Wagen mit repariertem Seitenfenster noch für 500 Dollars an einen Studenten aus Holland verkauft, der einige Wochen durch Wyoming, Montana und Colorado reisen wollte. Es scheint in der Tat die große Abschlussfahrt meines Vehikels gewesen zu sein. Denn das letzte Lebenszeichen des Fahrzeugs erhielt ich, als sein Käufer mir eine E-Mail schrieb. Er teilte mir mit, dass das Auto ihn erfolgreich auf seinen Abenteuern begleitet habe. Jetzt würde er ihn allerdings weiter verkaufen und der neue Besitzer plant aller Wahrscheinlichkeit nach, den Wagen auszuschlachten und als Ersatzteillager zu benutzen. Mir blutet das Herz...

Von Blizzards, Blitzeis und Tornados

"In winter, this road is both desolate and dangerous. Ground blizzards are common, as the wind picks up the loose snow and blows it toward Nebraska. During the worst of the ground blizzards, it is impossible to see. We traveled this road one evening in late September, and we encountered a full blizzard. We were lucky to find a truck to follow all the way from the Wyoming-Colorado state line to Laramie. Once we arrived in Laramie, we were stranded, as the highway department closed the road behind us."
(www.rockymountainroads.com, Alex Nitzman & Andy Field, 2004)

Die Technik des geliebten, aber irgendwie auch alternden Automobils ist nicht der einzige Grund, der eine Überlandfahrt durch die weite Landschaft zum Abenteuer werden lässt. Petrus hat ebenfalls ein Mitspracherecht bei der Highway-Nutzung - und dieses nutzt er zum Leidwesen der Menschen regelmäßig aus. Und so beeinflusst der Wetterfaktor das Verhalten der Reisenden in den Rocky Mountains und man sollte die entsprechenden Warnungen nicht einfach in den sprichwörtlichen Wind schreiben.
Dennoch möchte ich nicht, dass jetzt fälschlicherweise der Eindruck entsteht, in Wyoming und Colorado könnte man vor lauter Wetterkapriolen kaum vor die Haustür treten oder nur schwerlich eine lange Autofahrt sicher überstehen. Ganz im Gegenteil: in Cheyenne scheint die Sonne im Sommer durchschnittlich zehn Stunden pro Tag. Sogar im winterlichen Dezember und Januar zählen die Meteorologen beinahe sechs Sonnenstunden pro Tag. Über das ganze Jahr verteilt fällt an weniger als zehn Tagen in jedem Monat Niederschlag. Im Winter fallen Regen und Schnee

Ein Unwetter zieht auf. Die letzten Sonnenstrahlen scheinen auf den Interstate Highway.

sogar an weniger als fünf Tagen im Monat. Ich habe selten so viel Sonne getankt wie in meiner Zeit in den Rocky Mountains. Sogar die strengen, zweistelligen Minusgrade in der kalten Jahreszeit sind aufgrund der geringen Luftfeuchtigkeit weitaus angenehmer zu ertragen, als die nasskalten Temperaturen um den Gefrierpunkt, die wir in Deutschland so oft erleben.
Doch jetzt kommt die große Einschränkung. Wenn einmal ein Tiefdruckgebiet in den Bergen kurzzeitig das schöne Wetter verdrängt, dann treten meist auch schnell Phänomene auf, die wir Mitteleuropäer gerne als Extremwetter bezeichnen. Und so ist die beste Vorbereitung für eine Autofahrt durch das Hochland und die Prärie ein morgendlicher Blick in den Wetterkanal des Kabelfernsehens. Ununterbrochen laufen dort Vorhersagen, Warnungen und ausführliche Reportagen über Wetterphänomene. Der Sender strahlt auch auf regionaler Ebene Meldungen über den Straßenzustand aus.
An einem sonnigen und scheinbar harmlosen Win-

termorgen in Laramie warnen die TV-Meteorologen vor *"slick and icy spots"*, also rutschigen und vereisten Stellen, auf dem Highway 287 in Richtung Fort Collins. Genau dort liegt aber mein heutiges Reiseziel.
Allen Warnungen zum Trotz begebe ich mich auf die Strecke von Laramie in die 60 Meilen entfernte Nachbarstadt. Am Ortsausgang scheint der Highway 287 noch trocken zu sein. Auch auf den folgenden Meilen auf gerader und ebener Strecke bereitet die Witterung keine Probleme. Ich beginne mich schon zu wundern, warum über das Radio vor Schnee und Eis gewarnt wurde. Als die Landschaft hügeliger wird, sehe ich den ersten Schnee. Vom Wind aufgetürmte Verwehungen drücken gegen die hölzernen Weidezäune neben der Straße. Doch bis auf einige dunkle, feuchte Flecken kommt mir der Asphalt immer noch ausgesprochen trocken vor. Ein paar Schneeflocken wehen vorbei. Da der Schnee in den Rocky Mountains sehr wenig Feuchtigkeit enthält, bilden sich nur selten dicke, verklebte Flocken. Der weiße Niederschlag ist oftmals so fein, dass er schon eher wie eine Staubwolke aussieht. Daher bleiben die Straßen während eines kurzen Schneeschauers oftmals von der tückischen Nässe verschont. Verlassen sollte man sich darauf jedoch nicht. Länger anhaltende Schneestürme, auf die Straße geflossenes und wieder gefrorenes Schmelzwasser und Verwehungen durch den Wind lassen so manche Überlandfahrt zum Glücksspiel werden.
Aber daran verschwende ich während meiner Fahrt in Richtung Colorado keine Gedanken. Daher bin ich auch ziemlich überrascht, als mein Geländewagen auf vermeintlich sicherer Strecke plötzlich ins Rutschen kommt. Irgendwo in der lang gezogenen Linkskurve

muss sich eine gefrorene Stelle befinden. Mein Auto bricht nach links aus. Ich versuche dagegen zu lenken. Mit voller Kraft auf die Bremse zu treten, wäre jetzt die falsche Reaktion. Dadurch würde ich auch den letzten Rest Kontrolle verlieren. Mit beiden Händen fest am Lenkrad versuche ich, das Fahrzeug möglichst gerade zu halten. Ohne Erfolg, stattdessen lege ich eine flotte 360-Grad Drehung auf das Parkett und bleibe dabei zum Glück anfangs noch auf dem Highway. Aber jetzt zieht es meinen Wagen nach rechts in Richtung Grünstreifen. Der Asphalt liegt hinter mir und ich werde beim Schleudern über die Gras- und Schotterfläche kräftig durchgeschüttelt. Die Colaflasche und die Chips auf dem Beifahrersitz fliegen in Richtung Fußraum. Egal, soll ja Beides sowieso ungesund sein. Für meinen Geschmack lässt die Geschwindigkeit meines Wagens viel zu langsam nach. Dann endlich traue ich mich, die Bremse voll durch zu drücken. Nur wenige Zentimeter vor einem Begrenzungspfahl bleibt das Auto stehen.

Während ich gerade zum ersten Mal tief durchatmen will, zieht plötzlich ein schnell fahrender Lastwagen auf der Gegenspur vorbei. Er passiert genau die Stelle, an der ich wenige Sekunden zuvor noch meine filmreife Pirouette hingelegt habe. Nicht auszudenken, wie dieser Ausrutscher ausgegangen wäre, wenn mir der Truck schon kurz zuvor entgegen gekommen wäre. Etwas benommen bleibe ich hinter dem Steuer sitzen und reflektiere das soeben Erlebte. Nach einigen Minuten zittern die Knie nicht mehr und ich unternehme einen Rundgang um meinen Wagen. Beulen entdecke ich keine. Der Unterboden scheint den Ausflug in die Walachei vollkommen schadlos überstanden zu haben. Ich kann also meine Fahrt mit wachsender Vorsicht und gehörigem Respekt gegenüber

den Straßenkonditionen fortsetzen.
So viel Glück haben leider nicht alle Personen die den Highway 287 frequentieren. Nur einige Monate später kommt es an beinahe der gleichen Stelle zu einem tragischen Unfall. Als ein Autofahrer 17 Meilen südlich von Laramie auf die Gegenfahrbahn gerät, rammt er frontal und mit voller Wucht einen Kleinbus. Alle acht Insassen des Busses werden bei dem Unglück getötet. Der Unfallverursacher kommt schwer verletzt mit dem Rettungswagen ins Ivinson Memorial Hospital nach Laramie. Diese Karambolage gilt als einer der schwersten Verkehrsunfälle in der jüngeren Geschichte Wyomings. Nach Angaben des Wyoming Department of Transportation, der Verkehrsbehörde des Bundesstaates, geschehen über 50 Prozent der Unfälle auf dem Highway 287 aufgrund von Wetterauswirkungen wie Eis und heftigem Schneefall.
Kurioserweise wird die Landstraße zwischen Laramie und Fort Collins trotzdem nur äußerst selten wegen der widrigen Witterungsbedingungen gesperrt. Trotz der heftigen Winde, der Glätte und des regelmäßigen Schneefalls auf der kurvigen Strecke fließt hier der Verkehr meistens weiter. Im Gegensatz dazu wird der wesentlich besser ausgebaute und mehrspurige Interstate Highway 80 zwischen Cheyenne und Laramie schon bei relativ geringen Schneemengen dicht gemacht. Dies liegt an dem höheren Verkehrsaufkommen und vor allem an der großen Menge der Lastwagen, die auf dieser Ost-West-Achse Güter quer durch das Land transportieren. Diese langen Trucks sind bei starken Winden und Glatteis besonders unfallgefährdet. Außerdem existiert nur wenige Meilen östlich von Laramie eine lang gezogene, extreme Steigung auf der Lkw und Pkw bei Schneefall gleichermaßen

ihre Schwierigkeiten haben.
Wenn nun diese Hauptverkehrsader durch das südliche Wyoming wieder einmal gesperrt ist, stauen sich die wartenden Fahrzeuge über mehrere Meilen bis die Strecke wieder geöffnet wird. Eine Erfahrung von der ich aus erster Hand berichten kann. In Cheyenne besuche ich einen guten Freund. Er stammt aus meinem Heimatort in Deutschland und verbringt einige Wochen im Herbst bei einer Pastorenfamilie in der Hauptstadt des *Cowboy State*. Nach einem netten Abend mit zahlreichen Anekdoten und Erzählungen über das Leben im Ausland will ich mich am Vormittag des nächsten Tages auf den Heimweg nach Laramie machen. Eine knappe Autostunde muss ich eigentlich in Richtung Westen auf dem Interstate Highway 80 fahren, um wieder dort anzukommen. Eine leichte Schneedecke bedeckt die Vorgärten und Autodächer. Die Straßen innerhalb der Stadt sind frei und trocken.
Als ich die ruhige Wohngegend verlasse und mich der Fernstraße nähere, sehe ich schon aus der Ferne ein paar große Lastwagen am Straßenrand stehen. Je näher ich komme, desto mehr Trucks rücken in mein Blickfeld. In Zweierreihen stehen die Zugmaschinen mit ihren riesigen Anhängern auf der Zufahrt zum Interstate. Der ganze Zubringer wird zu einem riesigen Parkplatz. Zwischen den Anhängern bleibt eine schmale Gasse durch die sich mehrere Autos langsam schlängeln. Ich folge dem schleichenden Konvoi bis zu einem am Seitenrand stehenden Polizeiwagen. Bei dem Beamten erkundige ich mich nach dem Anlass für dieses seltsame Trucker-Treffen mitten auf der Straße. Er führt den Schneefall als Grund an. Kurz vor Laramie sei die Straße ziemlich vereist und von Schnee bedeckt. Da könne man den Verkehr auf kei-

nen Fall durchlassen. Also wird der Interstate mal eben auf einer Länge von 70 Kilometern gesperrt.
Mir bieten sich zwei Alternativen: entweder ich stelle mich im Stau ganz hinten an und warte oder ich fahre eine Ausweichroute, die allerdings einen gewaltigen Umweg von weiteren 75 Kilometern beinhaltet. Ich entscheide mich für die Umleitung. Lieber bin ich auf der Straße in Bewegung, als mich auf ungewisse Zeit in den Stau einzureihen. Als ich fast zwei Stunden später in Laramie ankomme, höre ich über den Verkehrsfunk, dass der Interstate gerade wieder geöffnet wurde. Trotzdem habe ich eine Menge Zeit gespart. Bis sich der Stau in Cheyenne aufgelöst hat und alle Fahrzeuge wieder rollen, vergeht noch eine ganze Weile.
Die Wettergefahren auf dem Interstate 80 beschränken sich unglücklicherweise nicht nur auf das Teilstück zwischen Cheyenne und Laramie. An einem anderen Tag bin ich auf dem Weg in Richtung Rawlins. Die Stadt liegt eine gute Autostunde westlich von Laramie und ist vor allem als Sitz des Staatsgefängnisses bekannt. Des Öfteren sieht man in dieser Gegend Sträflingskolonnen in ihren orangefarbigen Overalls am Straßenrand arbeiten. Neben ihnen stehen mit Gewehren bewaffnete Wärter. Die angeketteten Gefangenen übernehmen kleine Ausbesserungsarbeiten oder sammeln den Müll am Straßenrand auf. Ähnliche Arbeitsgruppen findet man in zahlreichen Regionen der Vereinigten Staaten.
Heute allerdings bleiben die Häftlinge im sicheren Gefängnis hinter Gittern. Denn die grauen Wolken einer Unwetterfront ziehen auf. Die Prärie wird in ein dunkles Licht gehüllt. Nur leicht scheinen Sonnenstrahlen durch die Wolken. Nach einer Kurve vorbei an einer Felsformation bin ich plötzlich mittendrin in

der Schlechtwetterfront. Dichter Schneefall setzt ein. Die Flocken bedecken den Asphalt und die Sicht wird immer schlechter. Ich kann kaum noch den Straßenrand erkennen. Die Wirkung der Nebelscheinwerfer verpufft. Also trete ich lieber auf die Bremse und schleiche mit 30 Meilen pro Stunde dahin. Einen großen Schreck bekomme ich trotzdem, als unmittelbar vor mir eine dunkle Wand auftaucht. Es ist ein Lastwagen, der noch langsamer als ich auf dem Interstate fährt. Rechtzeitig kann ich noch weiter abbremsen und folge dem Truck durch den Schneesturm. Bleibt nur zu hoffen, dass sich jetzt nicht von hinten ein Fahrzeug zu schnell nähert und den Truck und mich zu spät sieht. Dementsprechend oft gucke ich sicherheitshalber in den Rückspiegel. Doch nach nur zehn Minuten ist der Spuk schon wieder vorbei. Das Unwetter liegt hinter mir. Die Räder rollen über trockenen Asphalt und sogar die Sonne blickt wieder durch die Wolken. So schnell kann es gehen…

Begeben wir uns noch weiter in den Westen Wyomings. Schauplatz ist wieder der Interstate 80. Dieses Mal bin ich mit Freunden auf dem Rückweg von Salt Lake City nach Laramie. Wir haben bereits eine lange Tagesreise im Auto hinter uns und die Dämmerung naht. Trotzdem wollen wir noch eine Weile auf der Straße durchhalten. Die Außentemperaturen sinken genau so schnell wie die untergehende Sonne. Kurz vor Green River entdecken wir ein Auto im Straßengraben. Die Insassen scheinen unverletzt zu sein. Sie stehen neben dem Fahrzeug und die Polizei ist auch schon vor Ort. Jetzt bemerken wir es auch: der Asphalt ist spiegelglatt und glänzt wie eine Eisfläche. Blitzeis hat sich auf dem Interstate breit gemacht. Also bremse ich langsam ab, um nicht selber ins Rut-

schen zu geraten. Nur noch im Schneckentempo fahren wir weiter. Die meisten anderen Verkehrsteilnehmer haben sich zum Glück auch für eine vorsichtige Fahrweise entschieden.
Trotzdem blinkt etwa eine halbe Meile vor uns schon wieder Blaulicht auf. Bereits aus der Ferne erkennen wir Rettungswagen und Polizeifahrzeuge. Die komplette Fahrbahn ist nach einem Glatteisunfall blockiert. Glücklicherweise führt noch vor der Unfallstelle eine Abfahrt vom Interstate hinunter. Mehr rutschend als rollend verlassen wir die vierspurige Straße.
Zu Gunsten unserer eigenen Sicherheit verzichten wir auf die Weiterfahrt auf der Umleitung. Stattdessen steht jetzt die Suche nach einem bequemen Motelzimmer auf dem Programm. Leider sind wir nicht die einzigen Reisenden, die sich für den unplanmäßigen Zwischenstopp in Green River entschieden haben. An mehreren Motels blinkt bereits in roter Schrift das *no vacancy*-Schild. Hier sind bereits alle Zimmer an gestrandete Autofahrer vergeben. Auf diese ungewöhnliche Weise profitiert also die Wirtschaft einer ganzen Kleinstadt vom unberechenbaren Wetter. Die Parkplätze der Schnellrestaurants sind genauso prall gefüllt wie die Reihen vor den wenigen Supermärkten. Endlich entdecken wir ein Motel, das noch freie Zimmer hat und fallen ziemlich müde ins Bett. Am nächsten Tag scheint die Welt wieder in Ordnung zu sein. Der Interstate ist frei von Eis und voll von fahrenden Autos. Die Sonne scheint und Hoteliers und Gastronomen in Green River können mit fetten Brieftaschen und dicken Erlösen aus der Eisnacht zur Bank gehen.
Aber nicht nur auf den langen Autofahrten durch das weite Land machen Wind und Wetter mir einen

Strich durch die Rechnung. Bekanntlich findet jedes Jahr am 31. Oktober Halloween statt. Die Traditionen mit ausgehöhlten Kürbissen und Kostümfesten schwappen mittlerweile ja auch über den großen Teich bis nach Europa. Und so sind es in Laramie interessanterweise die Norweger, die jedes Jahr eine große Halloween-Party organisieren. Bis dato wusste ich noch nicht einmal, dass es in Laramie eine norwegische Enklave gibt. Doch anscheinend hat sich eine kleine, trinkfeste skandinavische Gemeinde im Herzen Wyomings entwickelt. Vielleicht liegt der Grund dafür in den klimatischen Gemeinsamkeiten zwischen dem US-Bundesstaat mit seinen ausgeprägten Wintern und dem nordisch-kalten Norwegen. Die Fluktuation unter den Norwegern ist zwar groß, schließlich schreiben die meisten von ihnen nur für einen begrenzten Zeitraum ihre Master- oder Doktorarbeiten an die Universität von Wyoming, aber der Halloween-Brauch wird von Jahr zu Jahr weitergegeben und zelebriert.
Um standesgemäß als Gast auf der norwegischen Halloween-Feier zu erscheinen, suche ich den Kostümverleih in Laramie auf. Ja, auch so etwas gibt es mitten im Wilden Westen. Wer glaubt, man würde dort nur Cowboy- und Indianerkostüme vorfinden, der irrt gewaltig. In dem unauffälligen Wohnhaus inmitten der Stadt hängen so viele Kostüme, dass sogar ein rheinischer Jeck dem Sortiment Respekt zollen würde. Auf jeden Fall ist die Auswahl größer und individueller als im nahe gelegenen Wal-Mart. Ich entscheide mich für eine braune Mönchskutte. Dazu steige ich barfuss in meine Badelatschen und auf geht es zur Halloween-Party.
So, und jetzt kommen wir wieder auf das Wetter zu sprechen. Die Möglichkeit von Schneefall Ende Ok-

tober ist recht groß und prompt setzt natürlich pünktlich zu der Feier ein waschechter Blizzard ein. Hätte ich doch nur einen Blick in den TV-Wetterkanal geworfen. Denn diese Art von Wintersturm beinhaltet mehr als nur starken Schneefall. Bei einem Blizzard kommt es zu einem plötzlichen Kaltlufteinbruch. Die Temperaturen sinken auf minus zwölf Grad oder noch tiefer. Der Wind steigt auf mehr als sieben Windstärken an. Als wäre der eisige Luftzug alleine nicht schon schlimm genug, kommt dann meist noch extremer Schneefall hinzu. Meterhohe Schneeverwehungen sind keine Seltenheit.
An diesem Halloween-Abend fallen innerhalb weniger Stunden 30 Zentimeter Neuschnee. Es herrschen Temperaturen von bis zu minus 20 Grad. Natürlich haben die Norweger gut geheizt und bei ein paar Bier und guter Musik wird trotz des Blizzards kräftig gefeiert. Aber irgendwann möchte ich dann doch nach Hause. Der Fußweg beträgt etwa einen Kilometer und wird zur Qual. Bei der eisigen Kälte nur mit Badelatschen an den Füßen gehe ich durch den frisch gefallenen Schnee. Die Zehen spüre ich kaum noch und der Wintersturm weht unter die lockere Kutte. Es gibt kein schlechtes Wetter, es gibt nur schlechte Kleidung. Und ein Mönchskostüm während eines Blizzards zu tragen, fällt eindeutig in die letzte Kategorie. Nach der Ankunft im heimischen Apartment wärme ich mir die eisigen Füße unter der heißen Dusche auf. Langsam spüre ich meine Extremitäten wieder und taue auf. Es soll auch schon Menschen gegeben haben, die sich in ähnlichen Situationen ernsthafte Erfrierungen geholt haben. Angeblich fehlt in so manchem einheimischen Cowboystiefel der eine oder andere Zeh.
Jetzt reicht es aber mit der Kälte. Andi, ein guter

Freund und mittlerweile in Toronto lebender Albaner, berichtet von einem anderen spektakulären Wetterphänomen. Als er auf dem Weg von Scottsbluff in Nebraska nach Torrington in Wyoming ist, bedecken dichte Wolken den kompletten Himmel. Plötzlich hört Andi, wie in der nahen Stadt Mitchell Sirenen aufjaulen. "Ich schaute nach links und sah dieses Ding von den Wolken runterkommen", berichtet er mir später aufgeregt. Was er aus seinem Auto beobachtet, ist ein Trichter aus unglaublich schnell rotierenden Winden. Ein sich bildender Tornado streckt seine Fühler in Richtung Erdboden aus. Doch kurz bevor die Windhose die hügelige Prärie erreicht, bricht sie förmlich auseinander. Einige Wirbel scheinen sich voneinander zu entfernen. Dann ist der Spuk vorbei. Oder doch nicht? Andi sieht, wie aus der drohenden Gewitterwolke erneut ein Tornado nach unten wächst. Beunruhigt, aber auch interessiert, beobachtet er das Geschehen und hält gleichzeitig nach einer Bodensenke Ausschau, um dort Schutz zu suchen. Doch das ist in diesem Fall nicht nötig. Wieder löst sich der entstehende Tornado noch bevor er den Boden berührt nach einigen Sekunden auf.
Die Suche nach einer Mulde in der Umgebung ist genau die richtige Entscheidung. Bei einem anrückenden Tornado im Auto sitzen zu bleiben, kann äußerst gefährlich werden. Zu leicht kann ein vermeintlich sicherer Wagen zum Spielball der schnell rotierenden Winde werden und nicht immer kann man schnell genug vor einem rasenden Tornado einfach davon fahren. Schließlich kann so ein Sturm sich mit bis zu 70 Meilen pro Stunde vorwärts bewegen, während sich das Zentrum des Tornados im schlimmsten Fall mit bis zu mehreren hundert Stundenkilometern um die eigene Achse dreht. Wer sich

in einem Haus befindet, sollte sich entweder in den Keller oder in einen möglichst kleinen, fensterlosen Raum begeben. Viele Farmer haben regelrechte Bunker mit Pritschen und Lebensmittelvorräten unter ihren Häusern angelegt.
Wer in der Hochprärie Wyomings wohnt, sollte sich bewusst sein, dass so ein gewaltiges Naturereignis insbesondere während heißer Sommergewitter jederzeit auftreten kann. Die meisten größeren öffentlichen Gebäude haben ausgewiesene *tornado shelters*, also sichere Räume in die man sich im Ernstfall zurückziehen kann. Auch auf Colorados größtem Flughafen in Denver sind die Hinweisschilder kaum zu übersehen. In jedem Terminal entdecke ich an den Eingängen der Toiletten gelbe Tafeln mit einem aufgedruckten Tornado. Anstelle einer Tür, die möglicherweise davon fliegen könnte, bestehen die Eingänge zu den Toilettenbereichen aus einem S-förmig gewundenen Flur mit hoffentlich sicheren und dicken Wänden. Wer sich durch den Wind brechenden Bogengang rettet, kann im Inneren des fensterlosen Hygienebereiches mit seinen dicken Wänden das Ende des meist nur sehr kurzlebigen Tornados abwarten.
Zugegebenerweise widerstrebt mir der durchaus vernünftige Gedanke, mich in einer Toilette vor einem Sturm zu verstecken. Die unberechenbaren Windhosen üben auf mich einen starken Reiz aus. Als ich von dem Herausgeber einer regionalen Online-Nachrichtenplattform gefragt werde, ob ich einen Artikel über Tornados in Wyoming schreiben möchte, sage ich natürlich dankend zu. Über das Internet suche ich Kontakt zu einem Sturmjäger. Nach Umwegen über den *National Weather Service*, dem offiziellen amerikanischen Wetterdienst, und das *Storm Prediction Center* lande ich bei Scott. Er ist einer der

“Verrückten” die kreuz und quer durch das Land jagen und Gewittern folgen. Immer auf der Suche nach Stürmen und potentiellen Tornados. Er bezeichnet die zerstörerischen Wetterphänomene sogar als *the sights of nature's beauty*. Tornados als Naturschönheiten? Na ja, wenn er meint... Für Scott entwickelte sich das Interesse an Windhosen bereits im Jahre 1993 nachdem er einige Fotos von heftigen Unwettern machte. Bei einem Seminar des *National Weather Service* erhält der angehende *storm chaser* die notwendige praktische Ausbildung und an der Universität das entsprechende meteorologische Wissen. In den folgenden Jahren ist Scott im Frühjahr und Sommer stets auf der Reise, um mehr über die Tornados zu lernen und sie aus direkter Nähe zu studieren.

An einem schwül-warmen Tag im Mai verfolgt Scott ein Gewitter in der Nähe der Kleinstadt Guernsey in Platte County, Wyoming. Es ist bereits früher Abend und der Sturmjäger steht mit seinem Wagen auf einem Hügel außerhalb der Ortschaft. In einiger Entfernung türmen sich dunkle Wolken zu einer schwarzen Wand am Himmel auf. An der Unterseite bildet sich ein Wirbel. Der wachsende Tornado dehnt sich immer weiter in Richtung Boden aus. Zweieinhalb Minuten wütet die Windhose. Kurz darauf bildet sich ein zweiter Tornado. Die beiden Wetterphänomene hinterlassen kaum einen Schaden, da sie außerhalb menschlicher Siedlungen und in ausreichender Distanz von Scott vorbeiziehen. Die kurzen, vermeintlich harmlosen Erscheinungen sind für den Meteorologen dennoch äußerst interessant, da sie sich enorm schnell bilden. Wer sich in ihrer Nähe befindet, hat kaum eine Chance, der Windhose auszuweichen. Dementsprechend ist es auch dem Sturmjäger nicht immer vergönnt, Tornados in relativer Sicherheit zu beobachten. Bei einem anderen Wirbelsturm prasseln Hagelkörner in der Größe von Tennisbällen auf das Auto von Scott ein. Da er in einer Sackgasse steckt, gibt es keine Chance, vor dem Unwetter seitlich davon zu fahren. Glücklicherweise halten die Fensterscheiben und es bleibt bei einigen Beulen auf dem Fahrzeugdach.

Die Erzählungen von Scott steigern meine Faszination für Tornados noch mehr. Nur allzu gerne würde ich so ein gewaltiges Naturschauspiel am liebsten in der Realität, aber selbstverständlich auch aus sicherer Ferne, mit eigenen Augen beobachten. Dazu ist es bisher aber immer noch nicht gekommen. Eine Tornadowarnung erlebe ich allerdings gleich zwei Mal mit. Diese beiden Erlebnisse spielen zwar im tiefen Süden der Vereinigten Staaten und nicht in Colorado, Wyoming oder einem anderen Staat des Westens, aber ich möchte sie dennoch kurz schildern. Auf einer Rundreise durch Georgia und Florida verbringe ich ein paar Tage in Panama City Beach, jenem bekannten Badeort und einem der Hauptschauplätze des amerikanischen *Spring Break* an der nördlichen Golfküste des *Sunshine State.*

Nach einigen entspannenden Strandtagen deutet sich ein Wetterumschwung an. Da ist wieder einmal ein Blick in den Wetterkanal fällig. Ein großes Gewitter zieht laut Satellitenfilm vom Meer in Richtung Küste. Ich denke mir nichts dabei, schließlich sind Blitz und Donner in einer subtropischen bis tropischen Region wie Florida nicht ungewöhnlich. Zusammen mit einem Freund steigen wir in unseren Wagen und kurven durch die Gemeinde. Der Wind hat stark zugenommen und ein heftiger Platzregen setzt die Straße beinahe unter Wasser. Die Scheibenwischer kommen

Das Sturmtief hat ein Hoteldach auf die Straße geweht. Wenige Meilen entfernt tobt zeitgleich ein Tornado.

kaum noch gegen die dicken Tropfen an. Plötzlich sprühen aus der gelben Neonreklame eines Hotels die Funken und das eben noch hell erleuchtete Schild erlischt. Ein Blitz hat dort eingeschlagen und den Schaden verursacht. Hinter uns jaulen Sirenen auf und wir werden von einem Feuerwehrwagen überholt. Auch etwa 200 Meter vor uns blinkt Blaulicht. Durch den dichten Regenschleier können wir noch nicht sehen, was dort geschehen ist. Langsam bewegen wir uns im stockenden Verkehr vorwärts. Die rechte Seite der Fahrbahn wird von der Polizei gesperrt.

Dann erkennen wir die Ursache für den Einsatz. Mitten auf der Straße liegt eine 150 Quadratmeter große Holzkonstruktion. Es handelt sich um das Dach eines kleinen Hotels. Der Wind hat es komplett hoch gehoben und auf die Straße geweht. Zum Glück wurden dabei keine Spaziergänger oder Autofahrer getroffen.

Im Dämmerlicht des tobenden Unwetters sichern Feuerwehrleute das beschädigte Gebäude. Sie versuchen das Holzdach von der Straße zu entfernen. Durchnässte Hotelgäste in Shorts und T-Shirt packen mit an und helfen den Einsatzkräften. In Anbetracht dieser Eindrücke drehen wir nur noch eine kurze Runde über die Hauptstraße von Panama City Beach und begeben uns dann lieber zurück ins trockene Hotelzimmer.
Vom Balkon beobachte ich, wie die Brandung am Strand stärker wird. Auf den Wellen bilden sich weiße Gischtkronen. Ein nur locker befestigtes Hinweisschild auf dem Parkplatz unserer Herberge wird zum Spielball des einsetzenden Windes und fällt krachend um. Vielleicht sollte man doch noch einen zweiten Blick auf den Fernseher werfen und dem Meteorologen des Wetterkanals erneut Gehör schenken? Doch anstatt der Stimme eines Sprechers ertönt jetzt ein warnender Piepton aus dem Lautsprecher des Geräts. Rot unterlegt läuft eine Textzeile über den Bildschirm. Für Panama City und die gesamte Umgebung wurde eine Tornadowarnung ausgegeben. Die Bevölkerung wird aufgefordert, sich in sichere Räume zu begeben.
Uns erscheint das Hotelzimmer als relativ geschützt. Schließlich handelt es sich um ein Steingebäude und keines der ansonsten weit verbreiteten Holzhäuser. Außerdem können wir von hier den weiteren Verlauf des Unwetters im Fernsehen verfolgen und dementsprechend reagieren. Während draußen der Sturm weiter tobt, vermeldet der Wetterkanal einen Tornado in einem zwölf Meilen entfernten Ort. In Panama City Beach bleibt es verhältnismäßig ruhig - wenn man zerstörte Hoteldächer, Blitzeinschläge und Platzregen ruhig nennen darf. So schnell wie die dunklen

Gewitterwolken aufgezogen sind, verschwinden sie auch wieder. Ein paar Stunden später herrscht schon wieder Strandwetter. Lediglich einige Pfützen am Straßenrand erinnern an den Sturm.
Nur ein paar Autostunden weiter westlich und ein paar Jahre später spielt sich meine nächste Beinahe-Begegnung mit einem Tornado ab. Nach stundenlanger Fahrt vorbei an Plantagen, Sumpfgebieten und kleinen Dörfern im Mississippi-Delta kehren meine Frau und ich in einem Motel in Port Arthur ein. Die Tour war geprägt von heftigen Regenschauern und dunklen Gewitterwolken, die schnell am Himmel vorbeizogen. Ein paar Mal bilde ich mir als meteorologischer Laie ein, eine Superzelle, also eine Gewitterwolke mit Tornadopotential, zu sehen. Doch es bleibt bei Platzregen, Blitz und Donner. Auch am Abend in Port Arthur, einer texanischen Kleinstadt mit jeder Menge Ölraffinerien an der Grenze zu Louisiana, herrscht noch schwül-warmes Gewitterwetter. Nach einem Hamburger mit Pommes und Cola in einem Fast Food Restaurant entfliehen wir dem Unwetter am späten Abend ins schützende Hotelzimmer.
Bei ausgeschaltetem Licht und geöffneten Vorhängen beobachten wir das Wetter. In Sekundenabständen erhellen Blitze die Landschaft. Viel zu sehen gibt es dabei allerdings nicht. Eigentlich nehmen meine Augen nur den ununterbrochenen Regen wahr, der wie ein Vorhang niederprasselt. Als Informationsquelle ziehen wir gewohnheitsmäßig - Sie ahnen es sicher - den Wetterkanal zu Rate. Und siehe da: wir haben eine *tornado watch*, die Vorstufe zur Tornadowarnung. Jederzeit kann die Warnstufe erhöht werden. Es muss mit den gefährlichen Windhosen gerechnet werden. Auch in diesem Falle bleibt meine nähere

Umgebung von einem Tornado verschont. Allerdings hören wir am nächsten Morgen im Radio, dass es einige Meilen weiter zu kleineren Tornados und Schäden an mehreren Häusern gekommen ist.
Nach diesem kurzen Abstecher mit meinen Sturmepisoden aus den Südstaaten geht es wieder zurück in den Wilden Westen und die geliebten Rocky Mountains. Auf dem Weg durchquert man dabei unweigerlich den *Tornado Alley* genannten Korridor durch den die meisten Gewitter mit Gefahrenpotential durch die Vereinigten Staaten ziehen. Von Norden nach Süden handelt es sich dabei um North Dakota, South Dakota, Nebraska, Kansas, Oklahoma und Texas. Diese Staaten sind vor allem durch ihre flache Geografie gekennzeichnet. Während im Westen die Rocky Mountains aufragen, behindert in der *Tornado Alley* keine nennenswerte Erhebung die Luftströmungen vom kühlen Kanada bis zum tropischen Golf von Mexiko. Über dem weiten Flachland der Prärie können kalte Luftmassen aus dem Norden und warme Winde aus dem Süden ungehindert zusammenstoßen und starke Gewitter und Wirbelstürme bilden. Von den durchschnittlich 1.200 Tornados, die jedes Jahr in den USA gesichtet werden, entstehen etwa die Hälfte davon im Bereich der *Tornado Alley*.
Die anderen 50 Prozent verteilen sich über den kompletten Rest des Landes. Der Südosten mit Tennessee und Florida, aber auch die Neuengland-Staaten bekommen ihren jährlichen Anteil an Tornados ab. Wer jedoch glaubt, dass Windhosen nur im Flachland auftreten, irrt gewaltig. Vor über 20 Jahren knickte ein Tornado mitten in den Teton Bergen nahe des Yellowstone Nationalparks im Nordwesten Wyomings immerhin 14.000 Bäume wie Streichhölzer um. Der Sturm schlug eine Schneise von 24 Meilen

Länge und einer Meile Breite in den Bergwald. Der Twister entwickelte in seinem Zentrum Windgeschwindigkeiten von 360 Stundenkilometern. Er überquerte die Bergkette auf einer Höhe von 3.000 Metern über dem Meeresspiegel. Da es sich um eine sehr einsame Gegend handelte, gab es zum Glück keine Verletzten.

Riesenglück hatten die Bewohner meiner Wahlheimatstadt Laramie am 22. Mai 2008. Am Ostrand der Stadt ging ein Tornado nieder und beschädigte eine High School, den Wal-Mart und mehrere Wohnhäuser. Insbesondere auf dem Interstate 80 herrschte Chaos. Mehrere Autos und Trucks hielt es nicht mehr auf den Rädern. Sie wurden vom Tornado angehoben und auf die Seite geschleudert. Sogar ein Boot flog von einem Transporter herunter und landete auf dem Asphalt. Doch auch bei diesem Wirbelsturm wurde wie durch ein Wunder kein Mensch verletzt. Weniger glimpflich verlief der Sturm am selben Tag im nördlichen Colorado. Das gleiche Tiefdruckgebiet verursachte in der Nähe von Greeley mehrere Tornados, bei denen ein Mensch getötet und einige Dörfer regelrecht verwüstet wurden.

Um eine unangenehme Überraschung zu vermeiden, gehören außerdem einige Ausrüstungsgegenstände zum Standardrepertoire bei einem Ausflug über die Landstraßen des Westens. Im Heck meines Wagens verstaue ich stets eine kuschelige Wolldecke. Bei einer Panne in der Wildnis oder beim Steckenbleiben im Schnee hält die Decke wenigstens etwas warm bis Hilfe eintrifft. Die Frage ist nur, wie rufe ich Hilfe? Welcher ausländische Reisende ist schon mit einem Handy ausgerüstet? Und haben die Mobiltelefone fernab jeder Ortschaften in einem dichten Schneesturm überhaupt Empfang? Also ist es am sichersten, einfach im Wagen sitzen zu bleiben und auf vorbeifahrende Wagen und eine Wetterbesserung zu hoffen. Alleine zu Fuß durch die Wildnis zu marschieren, ist definitiv nicht ratsam. Zu hoch ist das Risiko sich zu verlaufen und sogar das Auto nicht wieder zu finden.

Wer bei heftigem Schneefall stehen bleibt, sollte den Motor nur zwischendurch kurz laufen lassen, um die Temperatur im Wagen zu erhöhen. Nie durchgehend den Wagen anlassen, hat man mir erzählt. Es gab schon viele Fälle bei denen gestrandete Reisende im eigenen Auto erstickt sind. Schnell wächst die Schneedecke bis über das Auspuffrohr und schon werden die giftigen Abgase ins Wageninnere geleitet. Deshalb hülle ich mich lieber in meine Wolldecke. Neben der Decke gehören ein paar Wasserflaschen ins Auto. Ihr Einsatzgebiet ist vielfältig: als Durstlöscher für längere unplanmäßige Aufenthalte in der Wildnis oder zum Auffühlen von Kühlwasser oder Scheibenwaschanlage. Auch Reserverad und Wagenheber sollten zur Standardausrüstung gehören.

Das reicht erst einmal an weiser Vorsicht. Die meisten meiner Reisen gehen zugegebenermaßen ohne Pannen und Zwangsaufenthalte im Schnee vonstatten, aber man sollte eben auf jede Situation vorbereitet sein. Und vergessen Sie nicht eine gute Musikkassette oder CD für das Autoradio. Die Musiksender können manchmal so eintönig wie die endlose Graslandschaft der Prärie sein. Spielt da jetzt nicht der lokale Sender in Casper die gleichen Songs wie die Station in Sheridan etwa 100 Meilen zuvor? Und wetten wir, dass zwei Stunden später in Cheyenne schon wieder die identischen Lieder auf der dortigen Kurzwelle laufen? Ansonsten starten sie einfach erneut den Suchlauf. Vielleicht bleibt das Radio ja auf der Frequenz mit den Verkehrs- und Wetterwarnungen hängen. Die aktuellen Infos könnten sich - wie Sie sich mittlerweile sicherlich vorstellen können - als nützlich erweisen.

Begegnungen in der Wildnis

"Gone forever are the mighty herds of the lordly buffalo. A few solitary individuals and small bands are still to be found scattered here and there in the wilder parts of the plains; and though most of these will be very soon destroyed, others will for some years fight off their doom and lead a precarious existence [...] in the wildest and most inaccessible fastnesses of the Rocky Mountains."
(Hunting Trips of a Ranchman, Theodore Roosevelt, 1885)

Haben Sie schon einmal einem ausgewachsenen Bison in freier Wildbahn gegenüber gestanden? Nein? Das ist auch besser so. Denn eine Begegnung mit dem Respekt einflößenden Büffel kann durchaus böse enden. Schließlich wiegt ein ausgewachsener Bulle bis zu 900 Kilogramm. Wenn er den riesigen, gehörnten Kopf senkt und schnaubt, ist weglaufen meist zwecklos. Immerhin erreicht ein Bison auf kurzen Strecken eine Geschwindigkeit von 50 Stundenkilometer. Aber wenn man so eine Begegnung gesund übersteht und sogar noch Zeit hat, das größte Landsäugetier des nordamerikanischen Kontinents in Ruhe zu bewundern, dann ist es wahrscheinlich eines der faszinierendsten Naturerlebnisse überhaupt.
Bei einem Besuch des Yellowstone Nationalparks im äußersten Nordwesten Wyomings habe ich das Vergnügen, die Bekanntschaft eines solchen Bisons zu machen. Auf einem für den Yellowstone Park typischen Holzsteg schlendere ich zu einer der vielen heißen Quellen. Dazu muss man wissen, dass diese hölzernen Wege oftmals die einzigen Möglichkeiten darstellen, um die Naturwunder des Parks sicheren Fußes zu erreichen. Viele von ihnen führen über extrem brüchiges Erdreich. Ein falscher Schritt abseits der sicheren Holzplanken und man kann durch das

poröse Gestein in eine verborgene heiße Quelle oder in schwefelhaltigen Schlamm einbrechen. Nasses Schuhwerk ist dann noch das angenehmste Resultat, gefährliche Verbrennungen sicherlich die schlimmere Variante. Also halte ich mich lieber brav auf dem befestigten Gehweg auf.
Pech nur, dass hinter einer Biegung auf einmal der Holzweg blockiert ist. 30 Meter vor mir steht ein riesiger Bison mitten auf dem Pfad. Kleine Eisbrocken hängen in seinem zotteligen, dunkelbraunen Fell, Dampf steigt bei jedem Atemzug in die kalte Winterluft auf. Mit seinen schwarzen Augen zwischen den großen Hörnern schaut er neugierig in meine Richtung. Jetzt ist guter Rat teuer. Seitlich an dem Tier vorbei gehen ist aufgrund der brüchigen Bodenstruktur nicht möglich. Also bleibe ich erst einmal ruhig stehen und zücke meine Videokamera. Mittlerweile haben sich neben mir noch weitere Touristen versammelt. Da wird der Büffel schon nicht auf uns zu kommen - hoffe ich zumindest. Schließlich sind wir zahlenmäßig überlegen. Andererseits fehlen uns die spitzen Hörner an der Stirn. Der Gewichtsvorteil liegt ebenfalls überdeutlich auf der Seite des schnaubenden Tieres.
Beide Seiten beäugen sich und die ersten Fotoapparate klicken. Vielleicht sind die Bisons im Nationalpark ja auch gar nicht so wild, da sie menschliche Besucher gewohnt sind? Wetten möchte ich darauf allerdings nicht. Auf jeden Fall lässt das Tier mich in Ruhe meine Aufnahmen machen und posiert sogar noch brav für die Kamera. Dann halte ich ein paar Momente lang inne und genieße das Naturschauspiel. Was für ein unglaubliches Bild sich mir dort bietet: Schneebedeckte Bäume, ein brodelnder, von heißen Quellen gespeister Bach und dazu ein Exemplar der

Bitte nicht stören. Ein Bison auf der Suche nach nahrhaften Gräsern.

Büffelgattung, deren Vertreter vor Ankunft der Europäer im Wilden Westen in riesigen, unzählbaren Herden über die Prärie zogen. Im 19. Jahrhundert wurden die Bisons jedoch durch weiße Jäger bei der Erschließung des Westens fast vollkommen ausgerottet. Um den Indianern die Nahrungsgrundlage zu nehmen und aus purer Jagdlust löschten die europäischen Eroberer beinahe die komplette Tierart aus. Die letzten paar hundert Bisons erhielten 1872 im neu gegründeten Yellowstone Nationalpark ein sicheres Rückzugsgebiet. Mittlerweile hat sich der Bestand erholt und in mehreren Nationalparks und anderen Wildreservaten existieren wieder diverse Herden. Insgesamt leben nach Schätzungen der Behörden etwa 350.000 Bisons in den Vereinigten Staaten.
Jetzt hoffe ich nur, dass mein Gegenüber mich als Vertreter der menschlichen Gattung nicht für die Ausrottung seiner Ahnen verantwortlich macht. Langsam ziehe ich mich wieder auf dem hölzernen Steg zurück. Mehrfach werfe ich dabei Blicke über

Bisons haben Vorfahrt!

meine Schulter. Doch der imposante Bulle bleibt stehen und lässt mich ziehen. Diese Begegnung ist nicht mein einziges Aufeinandertreffen mit einem Bison, aber auf jeden Fall das aufregendste. Vor allem im Winter kann man im Yellowstone Nationalpark hervorragend Büffel beobachten. Denn zur kalten Jahreszeit ziehen die meisten Tiere in die leicht einsehbaren Flussniederungen. Dort sorgen heiße Quellen dafür, dass die Schneedecke schneller schmilzt. Bisons und andere tierische Parkbewohner kommen an diesen Stellen besser an frisches Gras heran. In den Tälern braucht auch im Winter kaum ein Tier Hunger leiden.
Meist grast in einer ausgedehnten Talsenke unterhalb der Rundstrecke durch den Park eine größere Büffelherde. Diese beobachtet man am besten aus sicherer, erhöhter Position von einem Parkplatz mehrere hundert Meter entfernt. Mit dem Zoom meiner Kamera kann ich auch von dort ein paar schöne Aufnahmen von der Herde machen.
Dann kommt es aber nochmals zu einer nahen Be-

gegnung mit einigen Bisons. Nicht nur aufgrund des schönen Ausblickes fahren die meisten Touristen langsam und gemütlich durch den Park. Schließlich könnte ja auch ein größeres Tier vor das Auto laufen. Wer möchte schon einen Büffel auf der Motorhaube sitzen haben? Vor meinem Wagen bewegt sich gleich eine ganze Bison-Familie inklusive zweier Kälber über die Straße. Auch ohne regulären Fußgängerüberweg wird den zottigen Geschöpfen der Vortritt gelassen. Natürlich ist das wieder eine perfekte Gelegenheit für ein paar Aufnahmen mit der Videokamera. Die Büffel lassen sich nicht beirren und ziehen nur sehr langsam von rechts nach links vorbei.

Bei Tageslicht ist so eine Begegnung zwischen Auto und Bison schon ein eindrucksvolles Erlebnis. Das lässt sich aber durchaus noch steigern. Auf der Fahrt zum Ostausgang des Yellowstone Nationalparks und dem einige Meilen entfernten Cody setzt die Dämmerung ein. Schnell verschwindet die Sonne hinter den Bäumen und innerhalb einer halben Stunde ist es stockfinster. Eine leichte Schneedecke liegt auf der einspurigen Landstraße. Der kleine Highway führt in zahlreichen Kurven durch das bewaldete Bergland. Im Licht des Autoscheinwerfers tanzen leichte Schneeflocken. Da entdecken meine Mitfahrer und ich eine frische Tierspur links neben der Fahrbahn. Der Schnee ist aufgeworfen und tiefe Hufspuren führen parallel zur Straße entlang.

Während wir noch rätseln, was für ein Tier hier entlang geschritten ist, taucht plötzlich ein großer Schatten aus der Nacht auf. Unser Lichtkegel erfasst einen einsamen Büffel. Gemächlich trottet das große Tier weiter. Von unserer Anwesenheit lässt es sich nicht beirren. Wir fahren langsam hinter dem Koloss auf der nächtlichen Straße entlang und beobachten den

Bison. Dabei lassen wir mit unserem Wagen etwa 25 Meter Abstand, so dass der zottelige Riese gerade noch in unserem Lichtschein wandert. Schließlich wollen wir den Bullen mit seinen mächtigen Hörnern nicht verärgern. Denn besonders die Einzelgänger unter den Bisons gelten normalerweise als unberechenbar. Anstatt direkt auf dem leicht weißen Asphalt zu gehen, sackt der Bison bei jedem Schritt tief in den Schnee neben der Fahrbahn ein. Dabei wirkt der Büffel aber keineswegs angestrengt oder erschöpft, sondern im Gegenteil geradezu majestätisch. Das komplette Szenario in der dunklen Nacht mit dem leisen Schneefall und natürlich unserem langsam marschierenden, gehörnten Weggefährten vermitteln einen Eindruck friedlicher, aber auch gewaltiger Ruhe. Erst als nach zehn Minuten stummer Begleitung ein anderes Auto hinter uns auftaucht, überlassen wir dem Büffel wieder die alleinige Herrschaft über die Landstraße und fahren weiter.
Ein Dank dem Erfinder der Nachtbildkamera. Mittlerweile verfügen ja auch simple Videokameras schon über eine Art Infrarotmodus, mit dem sich Aufnahmen in absoluter Dunkelheit machen lassen. Eines dieser kleinen technischen Meisterwerke kann ich mein Eigen nennen. Und so wird die Videokamera wieder gezückt, als wir auf einem einsamen Baum am Straßenrand ein großes, dunkles Etwas entdecken. Es ist ein Uhu. Diese größte Eulenart der Erde kann immerhin knapp 80 Zentimeter groß werden und eine Spannweite von 1,70 Meter erreichen. Beinahe königlich, aber auch irgendwie gespenstisch hockt der große Vogel auf einem breiten Ast und schaut in unsere Richtung. Er lässt sich von uns nicht stören und dreht nur hin und wieder seinen Kopf zur Seite.
Hirsche, Antilopen und sogar ein Kojote - auf der

nächtlichen Fahrt lassen sich viele neugierige Tiere in unserem Scheinwerferlicht blicken. Sie alle kommen im kalten Winter näher an die asphaltierten Straßen nahe der heißen Quellen und haben dabei dennoch ihre Ruhe. Denn wir hatten im September bei unserem Ausflug in den Nationalpark noch großes Glück auf offene Schranken zu treffen. Regelmäßig werden die Eingänge zum Park monatelang von den Rangern verschlossen gehalten. Sobald die Schneefälle zu stark werden und die Straßen von einer dicken, weißen Schicht bedeckt sind, bleiben die Naturwunder für Touristen bis zum nächsten Frühjahr unerreichbar. Nur stark limitierte Schneemobiltouren oder Skilanglaufexpeditionen führen in dieser Zeit in die Randregionen des Schutzgebietes. Wer in der kalten Jahreszeit in Richtung Yellowstone aufbricht, sollte sich auf jeden Fall vorab bei der Nationalparkverwaltung oder im Internet erkundigen, ob noch irgendeine Straße geöffnet ist. Denn in der Regel sind die meisten Zufahrtsstraßen von November bis April zugeschneit und dementsprechend für normale Autos nicht zugänglich.

Doch auch für die Besucher im winterlichen Wyoming gibt es Möglichkeiten Bisons und andere Tiere hautnah zu erleben. Ein nur wenig bekannter Ort, um die einheimischen Spezies zu beobachten ist der Sybille Canyon. Abseits der größeren Verbindungsstraßen führt der Highway 34 aus Richtung Laramie östlich nach Wheatland. Die Straße windet sich durch die malerische, verschneite Schlucht und schon nach wenigen Meilen taucht auf der rechten Straßenseite ein Tiergehege auf. Eine kleine Bisonherde grast direkt hinter dem hoffentlich stabilen Metallzaun. Vom Parkplatz aus kann man bis an die Absperrung heran treten und steht direkt vor den imposanten Säu-

getieren. Das Wyoming Game and Fish Department unterhält im Sybille Canyon ein *wildlife research center*. Mit etwas Glück sind in der Nähe des Büffelgeheges auch Hirsche, Bighorn-Schafe und andere für den *Cowboy State* typische Tiere zu entdecken.
Noch ein paar Autostunden weiter nordöstlich am Südrand der Black Hills lassen sich Bisons ebenfalls hervorragend beobachten. Die Herde im Custer State Park in South Dakota ist auf jeden Fall wesentlich größer als die Büffel-Familie im Sybille Canyon. Der Vorteil im Custer State Park: beim Beobachten der massigen Tiere stört mich kein Maschendrahtzaun. Wie im Yellowstone Nationalpark führt eine Rundstraße durch das Areal. Vor dem Auto wechseln Bisons die Straße und eine große Herde weidet auf der weitgehend schneefreien Wiese. Bei einer Reise durch Wyoming im Februar 2008 habe ich meiner Frau zwar eigentlich einen Besuch im Yellowstone versprochen, doch der Schnee macht uns einen Strich durch die Rechnung. Ein klarer Planungsfehler meinerseits: denn eigentlich hätte ich wissen müssen, dass der berühmtere Park unter einer dicken Schneeschicht liegt. Der Custer State Park und die anderen Attraktionen der Black Hills erweisen sich zum Glück als einigermaßen adäquater Ersatz. Die restlichen Naturwunder des Yellowstone Nationalparks werde ich ihr dann eben auf der nächsten Reise zeigen.
Schließlich bietet schon die Anfahrt vom Skiort Jackson in den Yellowstone Park eine Menge und so ganz nebenbei lernt man dabei noch den Grand Teton Nationalpark kennen. Die Teton-Bergkette mit ihren malerischen Seen grenzt direkt an den südlichen Teil des bekannteren Nachbarparks. Auf Wanderwegen entdeckt man den Park am besten - wie gesagt, es sei

denn der Schnee liegt meterhoch... Bei einem Spaziergang auf einem der ausgeschilderten Pfade sollte man sich allerdings stets nur in Gruppen bewegen, dann halten auch die scheuen Wildtiere den entsprechenden Sicherheitsabstand ein. Schließlich durchstreifen mit Elchen, Berglöwen und Schwarzbären durchaus imposante und potentiell gefährliche Säugetiere den Grand Teton und den Yellowstone Park. Bei einer meiner Besuche vor einigen Jahren lässt sich sogar ein einsamer, scheuer Wolf blicken. Er hält Distanz zu meiner Wandergruppe und wirft misstrauische Blicke in unsere Richtung. Auch wir beäugen das graue Tier mit gesundem Misstrauen. Dann hat der Vierbeiner genug gesehen, dreht sich um und schreitet durch den Schnee von dannen.
Die meisten Naturwunder des Yellowstone Nationalparks sind ohne lange Wanderungen zu erreichen. Die Parkstraße führt in einem großen Kreis durch das gesamte Areal und unmittelbar an jeder größeren Attraktion vorbei. Aussichtspunkte mit Picknicktischen laden alle paar Meilen zum Verweilen ein. Neben dem weltbekannten Geysir Old Faithful steht sogar ein Hotel im Western-Stil. Bereits 1903 ließ die Parkverwaltung aufgrund des hohen Besucherandrangs dieses nach eigenen Angaben "größte Blockhaus der Welt" bauen. Während der Rest des Nationalparks noch relativ naturbelassen erscheint, drängeln sich beim Old Faithful in der Hochsaison im Sommer mehrere hundert Zuschauer auf eigens installierten Holzbänken rund um das alle 90 Minuten ausbrechende Wasserschauspiel. Auf einer Kreidetafel am Hotel steht der Zeitpunkt der nächsten Eruption angeschrieben. Die Zeit lässt sich mit einem Bummel durch die Souvenirläden gut vertreiben - zumindest wenn Interesse an den üblichen Büffelfi-

Old Faithful schickt seine Wassermassen gen Himmel

guren, Fotobüchern, Postkarten, Kalendern und anderen Yellowstone-Accessoires besteht.
Ich empfehle aber lieber einen kleinen Spaziergang durch das Geysirfeld ganz in der Nähe. Auf einem Holzsteg schreiten wir vorbei an blubbernden Wasserlöchern, kristallklaren bis hin zu tiefblauen Heißwasserquellen und mehreren kleineren Geysiren. Wie sollte es auch anders sein: auch hier marschiert wieder der eine oder andere Bison durch die Landschaft. Ich wundere mich, wieso die pelzigen Kolosse eigentlich nicht in dem Erdreich einbrechen, wenn wir Menschen vorsichtig auf Holzstegen über die dünne Kruste laufen müssen. Wahrscheinlich ist es der natürlich Instinkt der Bisons, der sie von besonders brüchigen Stellen fern hält. Oder sie spüren die zunehmende Wärme unter der Erde einfach eher als ich mit meinen Gummisohlen unter den Turnschuhen.
Der kleine Rundweg durch die Heißwasserlandschaft ist absolviert. Die sich füllenden Holzränge am Old Faithful weisen auf den kurz bevor stehenden Ausbruch hin. Also reihen wir uns in die Menge der war-

tenden Besucher ein. Keine Frage, so eine Eruption ist schon ein gewaltiges Erlebnis: Bis zu 50 Meter hoch schießt die heiße Wassersäule in die kühle Winterluft Wyomings. Je nach Dauer des Ausbruchs spritzen dabei zwischen 14.000 und 30.000 Liter Wasser aus dem Erdinneren. Nach einigen Minuten ist der Spuk vorbei und die Touristenscharen machen sich auf den Weg zu den nächsten Geysiren, Kalkterrassen, heißen Quellen und anderen *highlights* des Parks.

Mein persönlicher Favorit ist der Grand Canyon of the Yellowstone. Die Schlucht erreicht zwar bei weitem nicht die Ausdehnung und Tiefe des berühmten Namensvetters in Arizona, aber mit über 30 Kilometer Länge und bis zu 400 Meter Tiefe erreicht der Canyon im ältesten US-Nationalpark sehr ansehnliche und für uns Mitteleuropäer schon beeindruckende Ausmaße. Immerhin 94 Meter tief fällt der Yellowstone River über die Klippen des Lower Falls in die Schlucht hinein. Ein Blick von der Aussichtsplattform direkt an der Abbruchkante des Wasserfalls hinunter in die Schlucht ist nichts für Menschen mit Höhenangst. Wenige Meter weiter flussaufwärts gelangen wir unmittelbar an das Ufer des Stromes. Man muss halt nur an einem Warnschild vorbei und hat schon den schönsten Ausblick auf die Stromschnellen oberhalb der Wasserfälle und die gelb-orange scheinenden Steilwände des Canyons. Von dem eisenhaltigen Gestein hat der Yellowstone übrigens seinen Namen bekommen.

Bleibt zu hoffen, dass der Menschheit die Naturwunder des Yellowstone Nationalparks noch möglichst lange erhalten bleiben. Denn unter der dünnen Erdoberfläche des Parks liegt ein vulkanischer Hot Spot. Ein Magmafeld in etwa 15 Kilometer Tiefe sorgt für

Kalkterrassen ganz in der Nähe vom Nordausgang des Yellowstone Nationalparks

die heißen Quellen und die Aktivität der Geysire an der Oberfläche. Der letzte große Vulkanausbruch liegt bereits 640.000 Jahre zurück und hinterließ eine 80 mal 60 Kilometer riesige Senke, eine so genannte Caldera. Der Lake Yellowstone und der gesamte Park liegen in diesem Kessel. Sollte es in Zukunft zu einer starken Eruption des Vulkans kommen, wären ein Ascheregen über Nordamerika und Klimaveränderungen auf der gesamten Nordhalbkugel mögliche Auswirkungen. Der Ausbruch würde weitaus stärker als die Katastrophen am Mount St. Helens oder am Krakatau ausfallen. Daher wird der Yellowstone Park schon seit Jahrzehnten von Geologen genauestens beobachtet. Zurzeit hat sich die seismische Aktivität in der Region beruhigt.

Allerdings ist der Vulkan nach Berechnungen der Experten beinahe überfällig. In den nächsten paar tausend Jahren könnte es zu einem Ausbruch kommen. Dies mag zwar für erdhistorische Verhältnisse ein relativ kurzer Zeitraum sein, aber aus Sicht eines einzelnen Menschen bleibt zum Glück noch jede Menge Zeit, den Park als staunender Besucher zu entdecken, Büffel zu beobachten und die Wasser speienden Geysire zu bestaunen.

Jenseits der Touristenströme

"The craggy granite summit of Medicine Bow Peak in the Snowy Range is shrouded in thin clouds. Streaks of golden light pour through them, illuminating the ice-crusted snow so it looks like a sculpture of spilled honey. It's not long after sunrise on Memorial Day, and I'm wearing ski boots, hiking up a 12,000-foot mountain to ski it."
(Wyoming Tribune-Eagle, Cara Eastwood, 2006)

Vor mehr als 50 Jahren am 6. Oktober 1955 spielte sich in den Bergen nahe Laramie eine Tragödie ab. Der United Airlines Flug 409 von Denver nach Salt Lake City stürzte am frühen Morgen über dem Gipfel des Medicine Bow Peak ab. Alle 63 Passagiere und die drei Besatzungsmitglieder kamen dabei ums Leben. Bis dato war dieser Absturz der schlimmste Flugunfall in der Geschichte der amerikanischen Luftfahrt. Die Ursache für das Unglück ist auch heute noch unklar. Eine Theorie lautet, dass der Höhenmesser der Maschine eine falsche Zahl anzeigte. In Kombination mit der viel zu niedrigen Flughöhe könnten dichte Wolken dem Kapitän die Sicht auf den Berg genommen haben. Die Bergung gestaltete sich aufgrund des zerklüfteten Terrains äußerst schwierig. Erst fünf Tage nach dem Crash waren alle Opfer gefunden. Das Wrack wurde später nach der Untersuchung gesprengt. Angeblich sollen sich aber immer noch kleine Fragmente des Flugzeugs in der Gipfelregion befinden.
Von dieser traurigen Vergangenheit habe ich bei meinem ersten Besuch in der zerklüfteten Felsregion keine Ahnung. Im Gegenteil: kaum einen Ort verbinde ich mit so schönen Impressionen wie die Bergkette Snowy Range mit dem Medicine Bow Peak. Das

Gebiet besticht durch seine außergewöhnliche wilde Schönheit mit bis zu 3.600 Meter hohen Berggipfeln, tiefblauen Seen, dichten Wäldern und faszinierenden Felsformationen. Snowy Range befindet sich nur eine knappe Autostunde westlich von Laramie am Highway 130. Die Strecke von Laramie nach Saratoga auf der anderen Seite der Bergkette ist als *National Scenic Byway*, also als offiziell anerkannte Nebenstrecke mit besonders reizvoller Landschaft, bekannt.
Als Ausgangspunkt für einen Ausflug in das Snowy Range-Gebiet gilt Centennial am Fuße der Berge. Die kleine Stadt mit ihren 100 Einwohnern besteht aus einer Main Street mit historischen Gebäuden aus dem 19. Jahrhundert, einem Steak-Restaurant, einer kleinen Schule und mehreren in den umliegenden Hügeln gelegenen Gehöften und Einfamilienhäusern. Centennial liegt westlich von Laramie. Die Fahrt dorthin führt über die Hochebene. Vorbei an dem kleinen Regionalflughafen von Albany County und einigen Ranches verläuft die Straße immer geradeaus. Erst kurz vor Centennial wird die Straße kurviger und überquert einige grasbedeckte Hügel. Noch im Ort windet sich der Highway 130 in einer lang gezogenen Kurve den ersten nennenswerten Anstieg hinauf. Kurz darauf passiert man den Eingang zum Medicine Bow National Forest und damit auch zum Snowy Range-Gebiet. In einer kleinen Holzhütte als Besucherzentrum liegen Prospekte und Kartenmaterial aus. Wanderer sollten sich hier in einer Liste eintragen. So haben die Park-Ranger immer einen Überblick, ob sich im Falle eines Wetterumschwungs oder bei Einbruch der Dunkelheit noch Personen im Gebirge befinden. Gegebenenfalls können dann Suchmaßnahmen eingeleitet werden.
Nach dem *visitor center* verläuft die Straße acht Mei-

len ständig bergauf bis zum Kulminationspunkt des Snowy Range Pass auf 10.847 Fuß über dem Meeresspiegel. Von dort erkennt man schon etwas tiefer gelegen und circa eine Meile voraus das tiefblaue Wasser des Lake Marie. Der traumhafte Ausblick macht Lust auf mehr. Bei einem Ausflug an einem sonnigen Septembertag halten wir mit einer großen Gruppe von Freunden an dem Gebirgssee an und stellen unsere Autos ab. Auf der Nordseite des eiskalten Lake Marie erhebt sich eine senkrechte Felswand mehrere hundert Meter in den Himmel. Der Gipfel dieses Berges ist unser Ziel. Auf einer Wanderung wollen wir den 3.660 Meter oder 12.013 Fuß hohen Medicine Bow Peak besteigen.
Da wir über keinerlei Erfahrung als Bergsteiger verfügen, kommt die hohe Felswand als Route für uns natürlich nicht in Frage. Stattdessen ziehen wir im Gänsemarsch am Lake Marie entlang ostwärts, um die einfacher zu besteigende Seite des Berges zu erreichen. Doch bereits nach den ersten Steigungsmetern werden wir dezimiert. Unsere französische Freundin Elsa kommt mit der Höhenluft nicht zurecht und leidet bei dem Aufstieg unter Kurzatmigkeit. Ihre Lungen bekommen zu wenig Sauerstoff in der ungewohnt alpinen Umgebung. Unter Begleitung schicken wir Elsa zurück zum "Basiscamp" am Seeufer.
Nach einem kurzen Picknick marschieren wir weiter. Andi, der albanische Vertreter in unserer Gruppe, prägt den Slogan des Tages: *Next stop on top!* Vor dem Gipfel wird nicht mehr gehalten. Das ist doch mal ein Ansporn. Unsere Karawane lässt die Baumgrenze hinter sich. Fortan geht es auf einem Trampelpfad zwischen Felsbrocken und trockenen Gräsern dem Himmel entgegen. Nach einer weiteren Stunde erreichen wir ohne weitere Ausfälle den Bergkamm -

Auf dem Gipfel des Medicine Bow Peak

und sind überwältigt von dem grandiosen Ausblick. Wir stehen jetzt direkt oberhalb der steilen Felswand, die wir noch am Vormittag vom Ufer des Lake Marie bestaunt haben. Weit unter uns liegt der tiefblaue See. Der Blick vom Gipfel des Medicine Bow Peak ist nichts für schwache Nerven. Über ein gewisses Maß an Schwindelfreiheit sollte man schon verfügen, wenn man vom ungesicherten Felsenrand abwärts schaut. Der höchste Punkt der Gebirgskette ist von

Geröll bedeckt. Außerdem weht in dieser Höhe ein ständiger Wind, der einem den Atem aus den Lungen treibt. Zum Schutz davor hocke ich mich hinter einen Felsbrocken und genieße die wundervolle Aussicht.
In Richtung Süden erstrecken sich bewaldete Berge. Der Blick reicht bei guter Sicht tief bis weit ins 30 Meilen entfernte Colorado. Wenn man die Augen nach Osten wendet, taucht hinter den weiteren Gipfeln der Snowy Range die Hochebene von Laramie auf. Wobei man die Stadt eigentlich nur als dunklen, ausgedehnten Fleck in der Landschaft erkennt. Bäume und Gebäude sorgen für diesen Kontrast in der kargen Landschaft. Die Sonne brennt vom blauen Himmel. Wir tragen Sonnencreme auf unsere Gesichter auf. Durch den Wind fühlt sich die Temperatur nicht allzu warm an, doch so hoch über dem Meeresspiegel ist die Sonneneinstrahlung intensiv.
Aufgrund des wundervollen Panoramas ist der luftige Platz auf dem Gipfel des Medicine Bow Peak mit seiner alpinen Atmosphäre mein absoluter Lieblingsort in Wyoming. Auch wenn die Atemluft oben schon sehr dünn ist und man für den Aufstieg eine gewisse Sportlichkeit und Ausdauer braucht, würde ich jederzeit wieder auf den höchsten Punkt der Snowy Range zurückkehren. Zum Glück ist die Route über den Bergkamm unter Touristen nicht sonderlich bekannt.
Die meisten Reisenden zieht es entweder weiter südlich in die Hochgebirgsregionen Colorados oder weiter nördlich in Richtung Yellowstone und Black Hills. Daher trifft man bei der Besteigung des Medicine Bow Peak nur selten andere, meist einheimische Wanderer und kann die Natur in aller Ruhe genießen. Nur einheimische Wanderer? Na ja, Ausnahmen bestätigen wie so oft die Regel. Als ich mir bei einem

Die Straße in Richtung Medicine Bow Peak wird pünktlich zur kalten Jahreszeit zum Revier für Snowmobile-Fahrer.

Besuch des Hochlandes eine Schneeballschlacht mit einem Freund aus Deutschland liefere, entfährt meinem Mund ein leicht unflätiges Schimpfwort. Außer einer älteren Dame, die gerade am Aussichtspunkt einige Meter weiter die Landschaft genießt, ist ja auch niemand in der Nähe. Doch wer rechnet schon damit, dass sich diese einsame Naturgenießerin umdreht und mich in akzentfreiem Hochdeutsch aufgrund meiner verbalen Entgleisung mit einem schelmischen Lächeln zurechtweist. Wie sich herausstellt, befindet sich die gute Frau mit ihrer Familie auf einer Rundreise durch die Vereinigten Staaten und ist aus irgendeinem Grunde fernab jeglicher ausländischer Touristenströme in der idyllischen Snowy Range gelandet. Also auch diesen entlegenen Flecken der Erde haben einige wenige Deutsche schon für sich entdeckt.
Leider kann man sich den atemberaubenden Ausblick über die Bergseen und Gipfel nicht das ganze Jahr über gönnen. Denn normalerweise ist die Anfahrt

über den Snowy Range Pass von Anfang Oktober bis ins späte Frühjahr aufgrund der Schneemassen gesperrt. Die ersten Meilen der Straße sind zwar meistens noch befahrbar, doch irgendwann steht der Reisende dann vor einer hohen Wand aus Schnee. In diesem Zeitraum wird die Region zum Treffpunkt von einheimischen Snowmobile-Fahrern, die mit ihren motorisierten Vehikeln durch den Wald donnern.

Als ich im folgenden Jahr Ende Juni auf den Bergkamm des Medicine Bow Peak zurückkehre, ist dieser zwar begehbar, aber an einigen Stellen liegt noch eine 30 Zentimeter hohe Schneedecke. Da die Luft sich zu diesem Zeitpunkt schon deutlich aufgewärmt hat, nutze ich die Gelegenheit zu einer Rodelpartie durch die weiße Pracht - und dass zum Sommeranfang. Jeff, ein Lehrer aus Wyoming, erzählt mir, dass er im Frühsommer des Vorjahres einen Wochenendausflug in die Snowy Range unternommen hat. Mit im Gepäck trug er sein Zelt, Schneeschuhe und ein Snowboard. Nachdem er mit seinen Schneeschuhen den Medicine Bow Peak bezwungen hatte, campierte der Abenteurer hinter einem windgeschützten Felsvorsprung. Am nächsten Morgen fuhr er mit seinem Snowboard den einsamen Nordhang des Berges hinunter. In völlig unberührter Natur zog Jeff zwischen Felsen und Bäumen seine Bahnen, bis er nach einer gemütlichen Fahrt und einer anschließenden Wanderung wieder sein Auto erreichte.

Mein Entschluss steht fest: so etwas möchte ich auch erleben. Allerdings entscheide ich mich für eine abgeschwächte Variante dieses *Hike & Board*-Abenteuers. Denn mein Zelt liegt gut verstaut im Schrank in Deutschland und Schneeschuhe besitze ich nicht. Aber zumindest das Snowboard wird im

Geländewagen verstaut. Anstatt in die Hochgebirgslandschaft der Snowy Range zu fahren, kurve ich von Laramie ostwärts in Richtung Cheyenne. Nach zehn Meilen verlasse ich den Interstate und erreiche den Curt Gowdy State Park. Die letzten Meter zu einem kleinen Parkplatz rolle ich vorsichtig über die geschlossene Schneedecke. Nur eine einsame Reifenspur weist mir den Weg.

Snowboardstiefel anziehen, Snowboard unter den Arm klemmen, Rucksack aufschnallen und schon geht es los. Ich verlasse den Parkplatz und stapfe durch 30 Zentimeter hohen Schnee. Die Wintersonne scheint und schnell bilden sich erste Schweißtropfen auf meiner Stirn. Denn so ein Marsch durch Tiefschnee heizt die Körpertemperatur auch bei Minusgraden kräftig auf. Die Anstrengung nimmt kontinuierlich mit der Steigung meines nicht vorhandenen Pfades zu. Entlang einer Waldschneise wandere ich ständig bergauf. Nach einer halben Stunde fühle ich mich, als hätte ich bereits den Mount Everest bestiegen. In Wirklichkeit habe ich aber erst einen knappen Kilometer hinter mich gebracht. Bei einem Blick zurück erkenne ich sogar noch mein Auto auf dem Parkplatz tief unten im Tal. Nach einer kurzen Trinkpause und einigen Aufnahmen mit meiner Videokamera falle ich wieder in einen langsamen Trott durch die Winterlandschaft. Bei jedem Schritt sinke ich in den Schnee ein. Zum Glück halten meine Snowboardstiefel die Feuchtigkeit ab. Endlich erreiche ich den Gipfel der Hügelkette. Auf einem schneefreien Felsen sacke ich nieder. Das Käsesandwich aus meinem Rucksack und die Limonade sind schnell im Mund verschwunden.

Jetzt genieße ich den wunderschönen Ausblick. Kein Mensch ist in der Nähe. Von unten führt meine ein-

same Fußspur durch die winterliche Umgebung den Berg hinauf. Auf der anderen Seite der Erhebung entdecke ich Tierspuren. Im Vergleich zu meinen tiefen, schweren Abdrücken wirkt die Fährte des Wildes - vermutlich ein Reh - grazil und leichtfüßig. Und das ist auch gut so. Denn die einzigen schweren Spuren im Schnee stammen in dieser Region normalerweise von Schwarzbären. Insbesondere in der kalten Jahreszeit lässt sich Meister Petz auf der Suche nach Nahrung auch in der Nähe menschlicher Ansiedlungen blicken. Auf eine Begegnung mit einem Bären kann ich momentan gut und gerne verzichten. Neben der Bewunderung für die Natur mischt sich bei meinem Ausblick von der Anhöhe auch eine gesunde Portion Vorsicht. Auf ein Wettrennen Bär gegen Snowboard möchte ich es schließlich nicht ankommen lassen.
Zum Glück erscheint kein pelziger Gast und nach einer Stunde Mittagspause inklusive Naturgenuss schnalle ich mir endlich mein Snowboard an. Ohne Hast fahre ich die ersten Bögen. Schließlich geht es mir nicht um die schnellstmögliche Abfahrt. Lieber kurve ich gemächlich durch den Tiefschnee vorbei an Bäumen und kleinen Felsbrocken. Dieses *backcountry boarding* ist in den USA übrigens ganz legal. Jedermann darf sich auch außerhalb gekennzeichneter Wintersportgebiete einen Berg suchen und als Piste benutzen - es sei denn ein Verbot ist explizit ausgeschildert. Wer dabei jedoch Bäume zerstört oder gar Müll hinterlässt, muss mit hohen Geldstrafen rechnen. Trotz meiner gemütlichen Geschwindigkeit ist die Abfahrt schon nach zehn Minuten beendet und ich erreiche mein Auto.
Das Areal im Curt Gowdy State Park mit seinen geschwungenen Hügeln und Wäldern ist eigentlich eher

als Langlaufgebiet bekannt. *Cross country skiing*, wie Skilanglauf in den Vereinigten Staaten heißt, erfreut sich in der Umgebung von Laramie großer Beliebtheit. So auch in den Bergen und Tälern der Snowy Range: unterhalb des Passes und der Baumgrenze gibt es herrliche Langlaufstrecken mit unterschiedlichen Schwierigkeitsgraden, die allesamt mitten durch den Wald führen. Seit über zehn Jahren habe ich keinen Langlauf mehr betrieben, aber die Schönheit des Gebietes sorgt dafür, dass ich es noch einmal probieren möchte. Diese Episode fällt allerdings etwas kürzer aus, da auch der Ausflug zeitlich sehr begrenzt bleibt. In einem von mehreren *Outdoor Shops* in West Laramie leihe ich mir ein Paar Ski und fahre dann über Centennial in das Gebirge. Auf einem der vielen kleinen Parkplätze am Highway 130 schnalle ich mir die Bretter unter die Füße und dann geht es los. Langlauf im Gebiet der Snowy Range weist einen wesentlichen Unterschied zum Langlauf in deutschen Gefilden auf: es gibt keine Loipen. Zwar sind die Strecken durch Schilder hervorragend gekennzeichnet, doch gespurt wird hier nichts. Das *Cross Country Skiing* ist für die Amerikaner eben Natur pur. Also forme ich mir meine eigene Spur im Tiefschnee. Ich stelle schnell fest, welch ein anstrengendes Unterfangen ich begonnen habe. Die dünne Luft und der tiefe Pulverschnee machen mir zu schaffen. Nach einer Stunde ist daher Schluss mit dem Langlauf-Experiment.

Ich spare mir meine Kräfte lieber für mein Snowboard auf. Aber dieses Mal bitte schön in einem ausgewiesenen Wintersportgebiet mit richtigen Liften und ohne vorangehende beschwerliche Bergwanderungen. Ganz in der Nähe der Langlaufloipen und der Siedlung Centennial befindet sich die Snowy Range Ski

Area. Über vier Sessellifte gelangt man zu den 27 Pisten des gemütlichen Gebiets. Hotelburgen suche ich hier vergebens und Wintersporttouristen von außerhalb Wyomings sind rar. Umso kürzer bleiben zum Glück auch die Warteschlangen an den Liften. Snowy Range Ski Area wird von vielen Studenten und Einheimischen aus dem 32 Meilen entfernten Laramie genutzt. Auch die Skilehrer sind *locals* aus der Gegend. Es kann dem einen oder anderen Studenten sogar passieren, auf der Piste seinen Lehrbeauftragen von der Universität als Skilehrer zu treffen. Schließlich bessern sich viele Amerikaner mit Zweit- oder gar Drittjobs ihren Verdienst auf.
Im Gegensatz zu den Skiregionen der Alpen mit schroffen Gipfeln oberhalb der Baumgrenze, führen die Abfahrten der Snowy Range Ski Area ausnahmslos durch bewaldetes Gebiet weit unterhalb des Medicine Bow Peak. So werde ich bei meinen Schwüngen durch den trockenen Tiefschnee immerhin ein bisschen vor dem eisigen Wind geschützt. Wem es doch etwas zu kalt wird, der kann sich in der Hütte am Fuße des Berges wieder aufwärmen. Wobei man bei dem Begriff Hütte in diesem Fall kein gemütliches Berggasthaus mit Germknödel und Schweinshaxen erwarten sollte. Stattdessen betrete ich ein zweigeschossiges Haus mit dem Ambiente eines Fast Food-Lokals. Mit Nachos, Hot Dog und Cola schöpfe ich in dem etwas kargem Ambiente Kraft für weitere Abfahrten. Das ursprüngliche Restaurant brannte übrigens im Jahr 2003 komplett ab. Schnell wurde das neue Gebäude errichtet, doch seitdem kämpft die Snowy Range Ski Area jedes Jahr erneut um das finanzielle Überleben.
Trotz der geringen Größe, veraltet wirkender Liftanlagen und Fast Food-Versorgung empfehle ich Ski-

gebiete wie Snowy Range anderen Reisenden immer wieder gerne. Sicherlich reichen solche Geheimtipps nicht für einen kompletten Skiurlaub aus. Aber wer sich auf einer Rundreise durch die Rocky Mountains mal einen Tag auf die Bretter stellen möchte, dem kann ich nur raten, kleine Wintersportgebiete wie Snowy Range nicht außer Acht zu lassen.
In einigen dieser unbekannten Wintersportgebiete habe ich schon hervorragende Snowboardtage erlebt. So auch in der ehemaligen Deer Mountain Ski Area, die sich seit Herbst 2008 ganz klangvoll Mystic Miner Ski Area nennt. Ähnlich wie in Snowy Range sind die Lifte alt. Es gibt nur wenige, relativ kurze Pisten, aber dafür exzellenten Schnee und keine Menschenmassen. Mystic Miner liegt mitten in den Black Hills im Bundesstaat South Dakota. Die von den Ureinwohnern als heilig gehuldigten Berge stehen landschaftlich zu den Rocky Mountains ungefähr im Verhältnis wie der Schwarzwald zu den Alpen. Das Mittelgebirge ist bei weitem nicht so hoch wie das benachbarte Felsengebirge und bis zu den Gipfeln komplett bewaldet. Bekannt ist die Region eigentlich eher für Touristenattraktion wie dem Mt. Rushmore. Die Mehrzahl der Wintersporttouristen zieht es eher in die ultramodernen Gebiete Colorados wie Keystone mit seinen zahlreichen Flutlichtpisten für nächtliches Skivergnügen, Vail mit Stammgast Arnold Schwarzenegger und etlichen Promi-Villen oder Breckenridge mit seinem Wild West-Flair und Bettenburgen. Doch den trockenen Schnee der kontinentalen USA, der unter dem Snowboard wie Staub hervor sprüht und beinahe für ein Gefühl des Schwebens durch die weiße Landschaft sorgt, den gibt es auch in der Mystic Miner Ski Area in den Black Hills.
Ich genieße dort jedenfalls einen herausragenden Tag

im Tiefschnee. Ununterbrochen fällt Nachschub in Form von weißen Flocken von oben herab. Auf der Piste bildet sich eine frische Pulverschicht von etlichen Zentimetern. Keine Pistenraupe fährt vorbei und walzt alles platt. Nein, hier bleiben die Abfahrten unpräpariert und sorgen für einen dieser unter Wintersportlern legendären *Powder Days*. Ich habe die Chance, meine eigenen Spuren durch den tiefen Schnee zu ziehen und gleite die Hänge hinab. Je näher ich der Talstation komme, desto lauter dringt Musik an meine Ohren unter der wärmenden Wollmütze. Denn auch das ist Wintersport *made in USA*: zur Unterhaltung der Besucher sendet ein Radiosender live aus einem kleinen Studio in der Talstation und überträgt die Musik selbstverständlich per Lautsprecher auch direkt nach draußen auf die Piste.
Auf den Genuss der Beschallung muss man auf der *Ridge* in Loveland verzichten. Das Skigebiet liegt zwar direkt am Interstate 70 von Denver in Richtung des Wintersportmekkas Summit County, wird jedoch überwiegend von Einheimischen besucht. Für mich ist Loveland ein wahres Juwel unter den *ski areas* Colorados. Schließlich befindet sich dort mit dem 3.965 Meter hohen Gebirgskamm *The Ridge* eines der weltweit höchsten für Wintersportler per Lift zugängigen Gebiete. Vom Gipfel erkenne ich in der Ferne die weitaus tiefer liegenden Abfahrten von Keystone und Breckenridge. Direkt unter mir erstreckt sich ein schier unendlich breiter Tiefschneehang. Lediglich einige Felsnasen schauen aus der weißen Landschaft hervor. Im langsam vor sich hin schaukelnden Sessellift ist nur jeder vierte oder fünfte Platz besetzt. Dieses Tiefschneeparadies muss ich mir also nur mit wenigen Leuten teilen. Einen Winter lang bin ich stolzer Besitzer einer Saisonkarte für

Im Winter wird der komplette Bergkamm "The Ridge" in Loveland zu einem grandiosen Tiefschneerevier.

Loveland und verbringe nahezu jedes Wochenende dort. Auf über 30 Snowboardtage komme ich in der Addition in jenem Jahr.
Und so sieht ein typischer Tag in Loveland aus: mit Freunden treffen wir uns in Laramie um sechs Uhr zum gemeinsamen Frühstück. Wir belegen Brote, greifen uns eine große Flasche Limonade und schwingen uns in den Wagen. Nach drei Stunden Fahrt erreichen wir Loveland und schnallen unsere Snowboards an. Bis zum Mittag sammeln wir Tiefschneeabfahrten ohne Unterbrechung. Dann wärmen wir uns bei einem Lunch in der Hütte etwas auf, um anschließend bis 17 Uhr weiter zu snowboarden. Auf dem erneut dreistündigen Rückweg wird noch an einem Fast Food Restaurant gestoppt, bevor wir am Abend in Laramie müde, aber glücklich, ins Bett fallen.
Wer nicht in Besitz eines Saisonpasses für eines der

Skigebiete in Colorado ist, kann dennoch mit etwas Geschick und Recherche viel Geld beim Kauf der Tagesskipässe sparen. Wer will schon den regulären Preis von über 40 Dollar für einen Tag in Loveland oder gar 97 Dollar in Vail zahlen? Und so bieten die meisten Wintersportorte Paketpreise für mehrere Tage oder Kombi-Angebote für Hotel und Skipass an. Doch für die wahren Schnäppchen muss man schon etwas länger suchen - und dass am besten per Internetsuchmaschine und Schlagwörtern wie *discount, special rate* oder *coupons* in Verbindung mit dem Namen des gewünschten Skigebiets.
So stoße ich eines Tages nach Ablauf meines Saisontickets auf das Angebot eines Radiosenders. Stammhörer, der in Denver beheimateten Station, erhalten für nur zehn Dollars Tageskarten für Loveland. Zwar habe ich noch nie zuvor von diesem Radiosender gehört, doch im Internet kann sich jedermann unter Angabe seiner E-Mail Adresse als Stammhörer registrieren. Prompt erhält man den Gutschein zugeschickt, druckt ihn aus und zeigt ihn im Skigebiet an der Kasse vor. Funktioniert völlig problemlos und ermöglicht mir einen günstigen Tag im Schnee. Auch in den Eingangsbereichen von großen Supermärkten liegen in Colorado manchmal Gutscheinhefte für Lifttickets aus. Und wer sich vor Ort noch Ski oder Snowboard ausleihen muss, sollte im Sportladen gleich nach *special rates* für Liftkarten fragen.
Für Nobelskiorte wie Vail lassen sich solche Rabatte zugegebenermaßen seltener finden. Doch auch hier gibt es einen Weg, die trotz günstigem Dollarkurs exorbitanten Liftpreise zu vermeiden. Die Mehrtagestickets oder Wochenpässe für die benachbarten und etwas günstigeren Gebiete Breckenridge und Keystone beinhalten normalerweise immer einen Tag für

Vail inklusive. Und so genießt man einfach ein paar schöne Tage in den anderen *ski resorts*, um sich dann einen Tag ohne Mehrkosten auf den schier unendlichen Abfahrten Vails zu gönnen.

Indianerlegenden und moderne Mythen

"All who have seen the gigantic stump-like formation, known as Devils Tower, rising some 1,200 feet above the Belle Fourche River, will understand why it inspired the imagination of the Indians. They called it Mateo Tepee, meaning Grizzly Bear Lodge, and had several legends regarding its origin."
(The First Fifty Years, Ray H. Mattison, 1955)

Im äußersten Nordosten Wyomings am Rande der Black Hills, der Heiligen Berge der Sioux-Indianer, ragt ein 290 Meter hoher Monolith in die Höhe. Schon aus einer Entfernung von mehreren Meilen sehe ich die seltsame Erhebung aus der Umgebung hervorstechen. Inmitten bewaldeter Hügel steht der kahle, zylinderförmige Berg mit seinen steilen Wänden. An seinem Fuße hat der Fels einen Durchmesser von immerhin 300 Metern. Die runden Seiten des Kolosses weisen von unten nach oben verlaufende Rillen und Spalten auf. Bei dem sagenumwobenen Berg handelt es sich um den Devils Tower, der bereits 1906 durch Theodore Roosevelt zum ersten National Monument der Vereinigten Staaten ernannt wurde. Auf der Anfahrt studiere ich die verschiedenen Versionen zur Entstehung des geheimnisvollen Berges.
Nach dem Glauben der Kiowa-Indianer ist ein Bär verantwortlich für die kuriose Form des Devils Tower. Ein Grizzly soll es gewesen sein, der sieben kleine Indianermädchen in der Nähe ihres Dorfes jagte. Um dem hungrigen Raubtier zu entkommen, kletterten die Mädchen auf einen kleinen Felsbrocken. In ihrer Not beteten sie und flehten um Rettung. Da fing der Fels plötzlich an, aus dem Boden in die Höhe zu wachsen.

Devils Tower aus der Ferne betrachtet

Der verärgerte Bär versuchte, an der Steinwand empor zu klettern. Immer wieder riss er mit seinen Krallen tiefe Rillen in das Gestein. Der kleine Felsbrocken wuchs jedoch immer weiter. Aus ihm wurde ein himmelhoher Berg, auf dem die sieben Mädchen vor dem Bären in Sicherheit waren. Noch heute sollen die Kinder als kleine Sterne am Firmament zu sehen sein. Der Berg mit seinen markanten Rillen ist unterdessen zum Anlaufpunkt für Touristen geworden.

Auch bei den Sioux, Crow, Cheyenne und beinahe 20 weiteren Stammesverbänden erzählt man sich seit Jahrhunderten Legenden über die Erhebung im Nordosten Wyomings. Für die Ureinwohner ist der Devils Tower ein heiliger Berg. Immer wieder kommt es daher zu verbalen Auseinandersetzungen zwischen Bergsteigern und Indianern. Die Einen sehen die Herausforderung im Erklimmen der Steilwände, die Anderen haben Angst vor der Entweihung des angebeteten Felsens.

Die Wissenschaft liefert eine weitaus nüchternere, aber ebenso faszinierende Version zur Entstehung des

Devils Tower. Dazu gehen wir 60 Millionen Jahre zurück in die Vergangenheit. Zu dieser Zeit bahnt sich Magma einen Weg durch die Erdschichten bis zur Oberfläche. Da der vulkanische Druck zu gering ist, um die glühende Flüssigkeit in einer Eruption in die Atmosphäre zu jagen, erstarrt das Magma im eigenen Schlot. Von diesem unterirdischen "Korken" wird im Laufe der Zeit immer mehr sichtbar, da die umgebene Erde langsam durch Erosion abgetragen wird. Zurück bleibt ein 300 Meter hoher, runder Berg aus Vulkangestein mit Rissen und Spalten als erkennbare Anzeichen der ständigen Erosion. Aber genau wie bei den unterschiedlichen Sagen der Ureinwohner gibt es auch unter Wissenschaftlern verschiedene Theorien zur "Geburt" des Devils Tower, so dass das Rätsel noch nicht komplett gelöst ist.

Dieses Wunder der Erdgeschichte möchte ich aus der Nähe sehen. Doch bevor ich dem Berg zum Greifen nahe komme, ist noch ein Zwischenstopp im Eingangsbereich des National Monuments vorgesehen. Dort befindet sich eine Kolonie Präriehunde. Die possierlichen Tierchen sind Verwandte der Murmeltiere und gehören zu den Erdhörnchen. Sie leben in unterirdischen Bauten, die man von außen anhand der aufgeworfenen Erdhaufen erkennt. Die bis zu 35 Zentimeter großen Tiere warnen sich gegenseitig mit einem hundeähnlichen Bellen, dem sie ihren Namen verdanken. Während Präriehunde früher riesige Flächen in Kolonien von mehreren hunderttausend Tieren bevölkerten, gibt es mittlerweile nur noch kleinere Kolonien, die sich oftmals in Schutzgebieten befinden. Anfangs des 20. Jahrhunderts wurden die Präriehunde durch Gifteinsatz beinahe ausgerottet. Alleine in Texas wurden über 99 Prozent der Population vernichtet. Warum die niedlichen Grasland-

Bewohner so extrem bekämpft wurden? Die Farmer hatten Angst um ihre Getreidebestände, die den Präriehunden als Nahrung dienen. Zur Zeit der Besiedlung des Westens stellten die scheinbar harmlosen Tiere eine ganz andere Gefahr dar: Reiter mussten aufpassen, dass ihre Pferde nicht in den verzweigten Bauten einbrachen und sich schwer verletzten. In diesem Falle half oftmals nur noch der erlösende Schuss aus dem Revolver des Cowboys.
Heutzutage dienen die Präriehunde als beliebtes Fotomotiv für Touristen. Auch ich verbringe fast eine halbe Stunde an der Kolonie nahe des Devils Tower und beobachte die kleinen Lebewesen. Auf den Hinterbeinen stehend beäugen sie aufmerksam ihre Umwelt. Einzelne Tiere verschwinden in den Gängen oder tauchen plötzlich aus einem Erdhaufen auf. Nachdem ich von dem Naturschauspiel genug gesehen habe, begebe ich mich direkt zu dem sagenumwobenen Berg. Am Parkplatz beginnt ein etwa zwei Kilometer langer Wanderweg, der ein Mal rund um den Devils Tower führt. Die Rundtour verläuft mitten durch den Wald immer am Fuße des Berges entlang. Trotz eines stetigen Auf und Ab in der Hügellandschaft weist der Pfad keine großen Schwierigkeiten auf und ist für jedermann gut zu bewältigen. Stabiles Schuhwerk empfiehlt sich dennoch. Und so stapfe ich in meinen Wanderschuhen über den mit leichtem Schnee bedeckten Waldboden. Zwischen den Bäumen senkt sich die Sonne langsam in Richtung Horizont. Der Devils Tower wird in gold-gelbes Licht gehüllt und erstrahlt in der Abendstimmung. Mir bietet sich ein majestätischer Anblick.
Der Devils Tower erlangte übrigens bereits 1977 in einem frühen Werk Steven Spielbergs ungewöhnliche Berühmtheit. Als Drehbuchautor und Regisseur ließ

Spielberg den Berg zur Begegnungsstätte von Menschen und Außerirdischen werden. Eine *Unheimliche Begegnung der dritten Art* erlebt dabei Schauspieler Richard Dreyfuß: erst verpasst ihm ein gleißend helles UFO einen Sonnenbrand, dann erscheinen ihm Visionen und schließlich baut er den Devils Tower in der heimischen Garage aus Kartoffelbrei (!) nach... Die Handlung gipfelt in einer Reise zu Wyomings bekanntester Erhebung und der Kontaktaufnahme mit den Aliens im Schatten des Devils Tower.

Das klingt abgefahren und ist sicher auch nur etwas für Fans von Science Fiction oder Steven Spielberg, aber die Örtlichkeit in Wyoming hat Amerikas wohl bekanntester Filmemacher sicherlich ganz bewusst gewählt. Denn seit den siebziger Jahren treffen sich regelmäßig ein Mal im Jahr Ufologen aus der ganzen Nation in Laramie. Immer im Sommer während der Semesterferien nehmen die Alien-Experten einige Seminarräume und Vorlesungssäle der örtlichen Universität in Beschlag. Ausführlich diskutieren die Teilnehmer im Rahmen der *Rocky Mountains UFO Conference* die neuesten Ergebnisse und Sichtungen der Ufologen. Mehrere hundert Personen werden zu diesem alljährlichen Event vom *Institute for UFO Research* eingeladen.

Was für eine Aufgabe ich bei dieser kuriosen Veranstaltung habe? Für die Zeitung *Branding Iron* soll ich einen Artikel über die Konferenz verfassen. Und für einen Aufmacher auf Seite 1 braucht man natürlich Augenzeugenberichte, fordert zumindest der Chefredakteur. Na, das kann ja heiter werden. Bei meiner ersten Kontaktaufnahme mit dem Veranstalter brauche ich kaum Fragen stellen. Sofort sprudelt es aus ihm heraus. Er berichtet mir von mehreren persönlichen UFO-Begegnungen. Als Radartechniker bei der

US Navy verfolgte er auf einem Radar einen Kontakt in der Luft. Das unbekannte Flugobjekt flog mit einer Geschwindigkeit von 3.400 Meilen pro Stunde durch die Luft. Ein schier unmögliches Tempo für die damalige Technik. Die schnellsten Flugzeuge kamen maximal auf 1.200 Meilen pro Stunde. Da ein technischer Fehler beim Radar angeblich ausgeschlossen werden konnte, bleibt dem Kongressveranstalter nur eine Schlussfolgerung: er hatte es mit einem außerirdischen Flugobjekt zu tun.

Die Schilderung sei interessant und ein guter Bestandteil für meinen Artikel, meint mein Redaktionsleiter. Doch er will noch mehr Schilderungen von weiteren Augenzeugen hören. Kein Problem, schließlich sind UFO-Sichtungen in Wyoming keine Seltenheit. Nach einer relativ ruhigen Zeit in den achtziger Jahren in denen E.T. und Co. anscheinend einen großen Bogen um die Rockies machten, wurden Ende der neunziger Jahre gleich serienweise unbekannte Flugobjekte gesichtet. 1998 gab es zehn und 1999 neun Berichte über fliegende Untertassen in Wyoming. Eine Erklärung haben die Ufologen auch parat. Schließlich befindet sich in Cheyenne die F.E. Warren Air Force Base und vielleicht wollen die Besucher aus dem Weltall sich dort über die menschliche Flugtechnologie informieren. Außerdem unterhält das Pentagon an mehreren geheimen Punkten in Wyoming und den Nachbarstaaten Abschussbasen für Nuklearraketen. Diese wurden bewusst in bevölkerungsarmen Gebieten installiert, damit bei einem eventuellen Angriff auf die Basen keine größeren Bevölkerungszentren gefährdet werden.

Aber verführen die tatsächlich existierenden Militärstützpunkte wirklich außerirdische Besucher zu intensiven Spionageflügen über den Rockies? Andere

Wissenschaftler sehen die vermehrten UFO-Sichtungen ebenfalls in Zusammenhang mit den Armee-Einrichtungen, führen aber eine rationale, rein irdische Erklärung an. Sie glauben schlicht und einfach, dass es sich bei den Flugobjekten um Testflieger der Air Force handeln könnte, die das wenig besiedelte Gebiet für Übungen und Manöver mit neuen Militärflugzeugen nutzen.
Lichtphänomene am Himmel lassen sich meist wissenschaftlich begründen. Doch bei Personen die von Entführungen durch Aliens berichten, sieht das schon ganz anders aus. Ich bin auf meine nächste Interviewpartnerin gespannt. Die pensionierte Grafikdesignerin Shirley wohnt im kleinen Ort Livermoore zwischen Laramie und Ft. Collins. Sie gibt mir spontan am Telefon Auskunft. An einem Vormittag habe sie ihre Haus verlassen. Es sei schon hell gewesen und der Himmel war ganz klar. Der nächste Nachbar wohnt über eine Meile entfernt als Shirley plötzlich einen großen Zylinder mit zwei Flügeln über sich schweben sieht.
Angeblich sei sie dann im UFO wieder aufgewacht. Zwei Meter große Außerirdische in silbernen Anzügen zeigten ihr das Raumschiff und nach 90 Minuten wurde Shirley wieder auf ihrer Farm abgesetzt. Das Flugobjekt verschwand hinter den Bergen und kurze Zeit später donnerten einige Düsenjäger über die Prärie. So weit die Geschichte der einsamen Grafikdesignerin aus Livermoore. Doch damit nicht genug: sogar ein ehemaliger Psychologie-Professor der Universität von Wyoming glaubt an die Besucher aus dem All. Mehrere Jahrzehnte beschäftigte sich der Akademiker mit mutmaßlichen Entführungen durch Aliens. Als er schließlich von seiner eigenen Entführung berichtete, verlor er seinen Job an der Hoch-

schule.
Ich vermag nicht zu urteilen, ob es sich in diesen Fällen lediglich um den Drang nach etwas Aufmerksamkeit, eine psychische Erkrankung oder gar wirklich um mysteriöse, unerklärliche Geschehnisse handelt. Fakt ist, dass Mythen in ländlichen Regionen schnell Verbreitung finden. In wenig bevölkerten Gegenden werden Geschichten oftmals noch mündlich von Nachbar zu Nachbar überliefert. Details werden hinzugefügt oder unabsichtlich geändert.
Sogar die Topografie kann eine Erklärung liefern. Von einer solchen Erfahrung kann ich persönlich berichten. In der nahezu kompletten Dunkelheit während einer nächtlichen Fahrt auf einer vermeintlich endlosen Hochebene ohne jegliche Dörfer oder künstliches Licht in der Umgebung sehe ich in einiger Entfernung zwei helle Punkte scheinbar am Himmel entlang ziehen. Dabei ist es bewölkt und weder Sterne noch Mond sind am Firmament auszumachen. Erst als ich den ominösen Lichtpunkten näher komme, erkenne ich, dass dort ein Hügel das ansonsten flache Relief unterbricht und auf eben dieser Erhebung ein einzelnes Auto fährt. So schnell ist das Rätsel gelöst. Aber hätte ich die Konturen des Hügels am Ende nicht wahrgenommen, würde ich mich wahrscheinlich immer noch über die zwei geheimnisvollen Lichter am Nachthimmel über Wyoming wundern.
Aber mit diesen Zeilen möchte ich auch den Ausflug in extraterrestrische Gefilde beenden und in die Region um den Devils Tower zurückkehren. Weitaus weniger mysteriös, aber mindestens ebenso faszinierend und nahezu übernatürlich groß wirkt das Reiterdenkmal des Indianerhäuptlings Crazy Horse. Oder besser gesagt, so soll es wirken wenn es dann irgendwann einmal fertig ist. Aber das wird sich wohl noch einige

Jahrzehnte hinziehen...
Crazy Horse war ein legendärer Anführer des Oglala-Stammes und maßgeblich an der Schlacht am Little Big Horn beteiligt. Bei diesem Gefecht starben über 250 Soldaten der 7. Kavallerie mit ihrem General George Armstrong Custer. Das Schlachtfeld liegt im Süden des heutigen Bundesstaates Montana. Das Little Bighorn Battlefield National Monument erinnert noch heute an sämtliche Opfer der grausamen Schlacht. Das in der Entstehung befindliche Denkmal von Crazy Horse befindet sich jedoch in den Black Hills nur 25 Meilen südwestlich des Mount Rushmore, mit seinen vier in Fels gehauenen Präsidentenköpfen. Bereits 1948 wurde auf Anregung des Sioux-Häuptlings Henry Standing Bear mit dem Bau des Crazy Horse Memorial begonnen. Verantwortlich für die Gestaltung war Korcak Ziolkowski, der auch schon am Mt. Rushmore beteiligt war. Der Bildhauer ist zwar mittlerweile verstorben, doch seine Familie und die gemeinnützige *Crazy Horse Memorial Foundation* sorgen dafür, dass die Arbeiten an dem gigantischen Projekt weitergehen.
Die Skulptur soll nach der Fertigstellung 172 Meter hoch und 195 Meter lang sein und Crazy Horse auf seinem Pferd sitzend darstellen. Bislang sind jedoch lediglich der größte Teil des Kopfes und die grobe Form des ausgestreckten Armes erkennbar. In den Kopf passen problemlos alle vier Präsidentenköpfe des Mt. Rushmore. Das Indianerdenkmal gilt als Gegenstück zu den Granit-Abbildungen der Herren Washington, Lincoln, Jefferson, Roosevelt. Schließlich befinden sich beide Bauwerke in den Black Hills und viele *Native Americans* betrachten Mt. Rushmore als eine Entweihung dieser ihnen heiligen Berge. Für sie ist das Crazy Horse Memorial die entsprechende

Hier entsteht das Abbild von Häuptling Crazy Horse. Bislang ist lediglich der Kopf deutlich erkennbar.

Antwort auf die Präsidentenköpfe.
Leider entstehen durch die kulturellen Unterschiede zwischen der amerikanischen Urbevölkerung und den Nachfahren europäischer Einwanderer immer wieder Konflikte im heutigen Wyoming. Im Frühjahr 2009 muss sich Winslow Friday in Cheyenne vor Gericht verantworten. Der Indianer vom Stamm der Nördlichen Arapaho hatte für ein Stammesritual bereits im Sommer 2005 einen Weißkopfseeadler erschossen. Der Greifvogel stand jedoch bis 2007 - also auch zur vermeintlichen Tatzeit - auf der Liste der bedrohten Tierarten. Es folgten ein ewig langer Papierkrieg und ein abgewiesener Einspruch vor dem Obersten Gerichtshof in Washington. Die Bundesrichter schickten den Fall zurück nach Wyoming. Dort müssen die zuständigen Instanzen abschließend entscheiden, ob die Durchführung seit Generationen überlieferter Bräuche der Ureinwohner oder der moderne Umweltschutz in der Rechtssprechung Vorrang haben. Sollte das Gericht Winslow Friday verurteilen, drohen ihm

eine einjährige Haftstrafe sowie eine Geldstrafe bis zu 100.000 Dollar.
Der Erhalt ihrer eigenen Kultur wird für die wenigen verbleibenden Ureinwohner in der westlichen Gesellschaft immer wichtiger. Die Würdigung eines geschichtlich bedeutenden Häuptlings wie Crazy Horse trägt sicherlich dazu bei. Zwei Mal habe ich das Langzeitprojekt bereits besucht. Bei einem Gang durch das Museum am Monument betrachte ich die Fotos vom Fortschritt der Bauarbeiten. Regelmäßig wird tonnenweise Granit vom Berg abgesprengt. Bagger tragen das Geröll ab und riesige Baumaschinen bringen den Fels in die richtige Form.
Vom Museum mit zahlreichen indianischen Artefakten führt eine Tür auf die Aussichtsplattform. Von hier ist aus einigen hundert Metern Entfernung das gewaltige Monument zu erkennen. Allerdings schneit es leicht und die Sicht ist schlecht. Aber immerhin erkenne ich mehr, als bei meinem ersten Besuch am Crazy Horse Monument. Damals war die riesige Skulptur durch dichten Nebel noch schlechter zu erkennen. Jetzt ist die Silhouette des nahezu fertigen Kopfes sichtbar. Die in Stein gemeißelten Gesichtszüge wirken aus der Ferne beinahe filigran und langsam lässt sich die Körperhaltung des großen Häuptlings erahnen. Um die Vorstellungskraft der Besucher etwas anzukurbeln, befindet sich auf der Besucherterrasse ein etwa zwei Meter großes Modell. Stolz sitzt der Häuptling mit geradem Rücken auf seinem Pferd. Der Zeigefinger am ausgestreckten linken Arm deutet in die Ferne. So soll das Monument also irgendwann einmal aussehen. Wird es in 20 Jahren fertig? Oder in 30 oder 40 Jahren? So genau weiß das niemand.
Nach Sprengungen oder Arbeitern, die an dem Denkmal bauen, halte ich vergeblich Ausschau. Das

Wetter ist zu schlecht. Bei Wind, Minusgraden und Schneefall ruhen Bagger und Radlader. Auch das Modell auf der Besucherterrasse wurde auf einer Schiene unter das Vordach geschoben. Eine emsige Mitarbeiterin des Souvenirladens versucht extra, die Nachbildung aus dem Schatten des Blockhauses heraus nach vorne zu schieben. Nur so kann man die heiß begehrten Fotos mit dem Modell im Vordergrund und dem im Bau befindlichen Memorial im Hintergrund mit der Digitalkamera einfangen. Leider scheitert die gute Dame an der festgefrorenen Konstruktion und Crazy Horse samt Pferd bewegt sich keinen einzigen Zentimeter auf der vereisten Schiene.
Da das Crazy Horse Monument kein staatliches Projekt ist und die Erbauer dringend Nachschub in der Kasse benötigen, liegt der Eintrittspreis bei zehn US-Dollar pro Person oder wahlweise bei 27 Dollar pro Fahrzeug. Wer also mindestens zu dritt unterwegs ist, sollte sich lieber für den Eintrittspreis pro Auto entscheiden. Aber schließlich ist das Ganze für einen guten - zugegebenermaßen reichlich idealistischen - Zweck. Nach der Fertigstellung des gigantischen Monuments sollen irgendwann noch eine indianische Universität, ein medizinisches Zentrum und eine große kulturelle Begegnungsstätte auf dem weitläufigen Areal entstehen.
Da ist ein Besuch des Mt. Rushmore wenige Meilen weiter vermeintlich günstiger. Statt einen tiefen Einblick in die indianische Kultur zu bekommen, begrüßen den Touristen hier die 50 Flaggen der US-Bundesstaaten - und der Parkwächter. Zwar ist der der Eintritt zum Mt. Rushmore kostenlos, aber acht Dollar für das Parkticket sind dennoch für jeden Wagen fällig. Das Spalier der Flaggen führt anschließend direkt zur Aussichtsplattform. Wie beim Crazy Horse

Die Flaggen der US-Bundesstaaten säumen den Weg zum Mt. Rushmore.

Memorial blicke ich auch am Mt. Rushmore aus einigen hundert Metern Entfernung auf die Felsskulptur. Ein Rundweg führt durch den Wald zu weiteren Aussichtspunkten. In Anbetracht der frostigen Temperaturen erspare ich mir diese kleine Wanderung und schlendere lieber durch das Museum. Während im Crazy Horse Museum neben Fotos und Filmen der Bauarbeiten auch etliche kulturelle Informationen und Ausstellungsstücke zur indianischen Geschichte zu begutachten sind, beschränkt sich das Museum am Mt. Rushmore hauptsächlich auf die Dokumentation der Entstehung der steinernen Präsidentenköpfe.

Ich erfahre, dass der Kopf von Thomas Jefferson ursprünglich auf der rechten Seite von George Washington entstehen sollte. 18 Monate wurde gemeißelt, gehämmert und gesprengt. Doch irgendwie waren die Erbauer mit dem Resultat nicht zufrieden. Eine Ladung Sprengstoff sorgte für Abhilfe und ließ das Antlitz Jeffersons in viele, viele kleine Felsstücke zerbröseln. Dann ging alles wieder von vorne los und

schließlich erstrahlte das Gesicht des dritten amerikanischen Präsidenten und Verfassers der Unabhängigkeitserklärung erneut - nur dieses Mal auf der linken Seite von George Washington. Originales Filmmaterial von den Bauarbeiten, ein - wie sollte es auch anders sein - kleines Modell vom Mt. Rushmore, tonnenweise Fotos und ein grafischer Größenvergleich mit dem Eiffelturm und anderen berühmten Bauwerken runden die Ausstellung ab.
Einen kulinarischen "Geheimtipp" habe ich noch: die Cafeteria am Mt. Rushmore hat zwar das ungemütliche Flair eines Selbstbedienungsrestaurants, aber die Eiscreme ist weltklasse. Für einen fairen Preis teilt der Mann hinter der Theke Riesenportionen der Süßspeise aus. Ganz nebenbei schließt sich der Kreis zu Steven Spielberg und den Aliens am Devils Tower. Denn einige Filmfreaks am Nachbartisch unterhalten sich über die Film- und TV-Auftritte des Mt. Rushmore. Hollywoods Faible für Science Fiction im Wilden Westen setzt sich bei den vier Granit-Präsidentenköpfen fort. Und so wird das Monument im Film "Mars Attacks!" mit einem Laser beschossen und die Gesichter der Staatsmänner verwandeln sich in Alienköpfe.

Scharf geschossen…

"Sec. 24. Right to bear arms. The right of citizens to bear arms in defense of themselves and of the state shall not be denied."
(Constitution of the State of Wyoming, Cheyenne, 1889)

Im Geländewagen fahren wir auf dem Interstate Highway 80 durch den Medicine Bow National Forest. Bis auf einige Trucks herrscht auf der nächtlichen Fernstraße kaum Verkehr. Die Strecke führt kurz hinter Laramie steil von 7.165 Fuß auf 8.640 Fuß über dem Meeresspiegel hinauf in die Laramie Mountains. Nirgendwo auf dem langen Weg von Ost nach West quer durch den nordamerikanischen Kontinent erreicht der Interstate 80 einen höher gelegenen Punkt. Unsere Scheinwerfer erfassen die Ausfahrt und wir verlassen die mehrspurige Hauptverkehrsader. Auf der linken Seite thront eine Bronzeskulptur Abraham Lincolns auf einem etwa zehn Meter hohen Steinsockel. Schließlich hieß der Interstate 80 früher einmal Lincoln Highway. Die Statue überblickt den höchsten Punkt der Straße bereits seit der Fertigstellung der Fernstraße im Jahr 1969. Hoffentlich hat Abraham Lincoln uns nicht im Visier und er verzeiht uns unsere nächtliche Aktion. Wir fahren weiter und nach einigen hundert Metern wechselt der Straßenbelag von Asphalt auf Schotter. Dann ist gar keine Straße mehr erkennbar. Mitten im Wald halten wir an und verlassen das Fahrzeug. Der Mond scheint hell genug durch die Baumkronen, so dass wir keine Taschenlampen benötigen. Durch das Gestrüpp schlagen wir uns weiter in den Wald hinein.
Vorweg marschiert Gus, ein Kumpel aus Cody. Cody, diese Kleinstadt mit ihren knapp 8.000 Einwoh-

nern im Nordwesten Wyomings, wurde nach dem berühmt-berüchtigten Büffeljäger Buffalo Bill Cody benannt. Noch heute wirkt Cody wie ein Relikt des Wilden Westens. Historische Flachdachhäuser säumen die Main Street. Amerikanische Flaggen wehen über vielen Gebäuden und mitten im Ortskern befindet sich das Buffalo Bill Historical Center. In dem Museum stehen originale Postkutschen, Indianerkunst, Gemälde aus dem 18. Jahrhundert und hunderte weitere Erinnerungsstücke aus den Zeiten als die Bisons noch die Prärien Wyomings bevölkerten.
Auch ich fühle mich beinahe in die Vergangenheit zurückversetzt, als ich mit Gus in jener Nacht durch den Medicine Bow National Forest etwa 15 Meilen östlich von Laramie wandere. Außer Gus und mir ist noch Jason mit von der Partie. Jason ist ein Jugendfreund von Gus und arbeitet als Ranger in einem Naturschutzgebiet. Er hat die Waffe dabei. Noch nie zuvor habe ich eine Pistole in meinen Händen gehalten. Und ehrlich gesagt, habe ich das bisher auch absolut nicht vermisst. Aber jetzt überwiegen doch die Neugier und die Abenteuerlust. Und so geht unser kleiner nächtlicher Ausflug weiter. Als wir eine Lichtung erreichen, hält Gus an. Dieses sei die richtige Stelle, meint er. Auf einem Baumstumpf stellt er drei leere Getränkedosen auf. Uns umgibt die dunkle Stille. Nur ab und zu hört man aus der Ferne einen Lastwagen auf dem mehrere hundert Meter entfernten Interstate vorbeidonnern. Matt beleuchtet der Mond das Szenario.
Dann nimmt Jason die Waffe zielt auf eine der Dosen und schießt. Ein Knall dröhnt durch die Nacht. Irgendwo fliegen erschreckte Vögel hoch. Die erste Dose fällt durchlöchert vom Baumstumpf. Anschließend drückt Jason mir die Waffe in die Hand. Sie

fühlt sich erstaunlich schwer an. Die beiden Amerikaner erklären mir, wie man mit dem Gerät umgeht. Es geht alles ganz schnell: zielen, Abzug durchziehen, schießen. Ich wundere mich über den Rückstoß und aus irgendeinem Grunde schmerzen meine Finger etwas. Keine Ahnung, wo meine Kugel gelandet ist. Die Dose steht jedenfalls noch unberührt auf dem Baumstumpf. Meine Untauglichkeit als Revolverheld ist somit bestätigt. Aber irgendwie ist das auch nicht weiter schlimm und schon hat Gus die Pistole wieder in der Hand. Während meine beiden Weggefährten jetzt in schnellem Wechsel auf Blechbüchsen und Baumstämme schießen, hocke ich auf einem leicht schneebedeckten Baumstumpf und lasse meine Gedanken kreisen.
Ich verstehe ja, dass im Wilden Westen Waffen nötig waren. Zur Jagd, zum Selbstschutz, zum Überleben. Aber das ist doch schon lange vorbei, oder? Doch irgendwie lebt der Wilde Westen zumindest in Wyoming weiter. Gus und Jason sind nicht die Einzigen, die sich an nächtlichen Schießübungen ergötzen und die Traditionen der Region aufrechterhalten. Wer in Wyoming und den benachbarten Bundesstaaten auf kleineren Highways durch das weite Land fährt, sollte hin und wieder einen genauen Blick auf die Verkehrsschilder am Straßenrand werfen. Oftmals weisen diese kleine, kreisrunde Löcher auf. Schuld ist nicht etwa ein Befall von besonders zähen, Metall verdauenden Schädlingen, sondern die Schießkunst der menschlichen Bewohner des Landes. Mit ihren Pick-ups oder Geländewagen fahren Jugendliche nachts die Landstraße auf und ab und schießen auf Verkehrsschilder. Dieser "Volkssport" wird wahlweise, beziehungsweise je nach Können, aus dem fahrenden Auto heraus oder am Straßenrand stehend

betrieben. Freilich darf man sich dabei nicht erwischen lassen, handelt es sich dabei doch auch in Wyoming um Beschädigung von öffentlichem Eigentum. Auch das nächtliche "Herumballern" im Wald ist eigentlich nicht erlaubt. Aber das stört meine beiden Begleiter reichlich wenig. Jason reißt mich aus meinen Gedanken über Sinn und Irrsinn indem er mir über sein privates Arsenal Bericht erstattet. Die genauen Zahlen habe ich verdrängt, aber rückblickend klang es für mich, als könnte Jason mit seiner Waffensammlung beinahe eine kleine Privatarmee ausrüsten. Jedes einzelne Schießeisen wurde natürlich ganz legal gekauft. Wyoming ist einer von 32 US-Bundesstaaten in denen jeder Mensch auf einer *gun show*, also einer Waffen-Messe, von unlizenzierten Verkäufern ohne Vorlage eines Ausweises eine Schusswaffe kaufen kann. Weit über 20 dieser Verkaufsveranstaltungen wurden 2008 im gesamten Bundesstaat ausgerichtet.

Unterdessen schwärmt Jason immer noch von seinem Arsenal im heimischen Waffenschrank und wir wandern im Mondschein zurück zu unserem Auto. So ganz bedenkenlos wie wir, sollte man allerdings nicht immer durch die Wälder Wyomings spazieren. Schließlich könnten noch weitere Schießwütige durch das Unterholz schleichen und sogar auf der Suche nach lebenden Zielen sein. Denn vor allem im Oktober und November erreicht die Jagdsaison ihren Höhepunkt. Es darf zwar nur in ausgewiesenen Gebieten auf eine genau festgelegte Anzahl bestimmter Tierarten geschossen werden, aber Unfälle kann es natürlich immer wieder geben. Davon bleiben auch prominente Jäger nicht verschont. Am 11. Februar 2006 verletzte der damalige US-Vizepräsident Dick Cheney einen Jagd-Kameraden bei einem Ausflug auf einer Ranch im texanischen Kenedy County schwer. Ein unbedachter Schwenk mit der Flinte und schon hatte der republikanische Politiker anstatt eines Vogels seinen Freund Harry Whittington im Visier. Leider zog Dick Cheney dann auch noch den Abzug durch und traf den 78-jährigen Anwalt aus Texas im Gesicht, im Nacken und im Oberkörper. Der angeschossene Jagdgefährte des ehemaligen zweiten Mannes im Staate bekam zwar eine ganze Ladung Schrot ab, überlebte die unfreiwillige Attacke aber zum Glück.

Um genau diese Unfälle zu vermeiden, streifen sich die Hobbyjäger im Normalfall stets eine orange Warnweste über, sobald sie im Revier ihre für die Saison angemietete Blockhütte oder ihr Auto verlassen. Wenn man bei der Fahrt durch die bewaldete Hügellandschaft oder über die endlosen Ebenen orange gekleidete Männer neben der Straße durch die Gegend streunen sieht, dann sind das also nicht etwa verirrte Bauarbeiter, sondern Jäger auf der Suche nach einem Abendessen. Geschossen wird in Wyoming in der Tat noch viel für den Eigenbedarf oder den Weiterverkauf im kleinen Stil. Und wenn in einer kleinen Wohnstraße in Laramie neben einem Einfamilienhaus ein Fleischerhaken mitsamt erlegtem Hirsch hängt, so ist dies im *Cowboy State* zwar mittlerweile ein seltener, aber keineswegs Aufsehen erregender Anblick.

Ein wahres Gemetzel an Wildtieren wie zu Zeiten von Buffalo Bill, als es noch von der Regierung Provision für jeden erschossenen Büffel gab und die Kadaver ungenutzt in der Landschaft verwesten, existiert heutzutage natürlich nicht mehr. Wer Tiere außerhalb der Jagdsaison erlegt, dem drohen drakonische Strafen. So gesehen ist der Wilde Westen auch

Diese tierischen Bewohner Wyomings sollten sich zur Jagdsaison besser von den Menschen fernhalten.

in Wyoming zum Glück nicht mehr ganz so wild. Überhaupt sind die Menschen der Rocky Mountains Region, wie bereits mehrfach beschrieben, überaus freundlich und zuvorkommend. Böse Zungen könnten jetzt behaupten, man sollte auch besser freundlich zu seinem Nächsten sein, wenn dieser mit an Sicherheit grenzender Wahrscheinlichkeit sein Gewehr in Reichweite hat.

Nun zu einer weiteren Gattung der Waffenträger: die Polizei. Wer viel Auto fährt, wird in den USA zwangsläufig irgendwann einmal Kontakt mit den Cops haben - zumindest wenn man sich an die deutsche Gepflogenheit hält, das jeweilige Tempolimit um einige Stundenkilometer nach oben zu dehnen. Wer mit 58 Stundenkilometern in Deutschland durch die Stadt kurvt, wird wohl kaum die Aufmerksamkeit der Ordnungshüter erregen. Wer jedoch mit nur drei oder vier Meilen zu viel über den amerikanischen Asphalt "brettert", kann unter Umständen schon einmal per Sirene und Blaulicht zum Stoppen auf dem

Seitenstreifen gezwungen werden. Auf ein solches Erlebnis sollte man sich im Idealfall mental vorbereiten. Denn Spannung ist garantiert…
Das beginnt schon mit den melodiösen Tönen samt bunten Lichtorgeln der unterschiedlichsten Streifenwagen. Von Bundesstaat zu Bundesstaat variieren Ton und Aussehen enorm. Rotes, blaues oder weißes Licht, ein kurzes Aufhupen oder gleich mehrere Sirenentakte - der Vielfältigkeit sind keine Grenzen gesetzt. Sogar innerhalb eines Staates gibt es teilweise Unterschiede zwischen den Fahrzeugen der überregionalen *Highway Patrol*, dem *Sheriff-Office* und den örtlichen Polizeidienststellen.
Ein eifriger Vertreter der *Highway Patrol* ist es auch, der mir auf einer nächtlichen Fahrt auf dem Interstate 25 einen gehörigen Schrecken einjagt. Mit Freunden haben wir ein Wochenende im Yellowstone Nationalpark verbracht und befinden uns ziemlich in der Mitte des Staates auf dem Heimweg in Richtung Laramie. Gerade haben wir Casper durchfahren. Die kleinen Vororte der Stadt liegen hinter uns. Nur selten kommen uns andere Fahrzeuge entgegen. Es ist um 20 Uhr schon stockfinster und die Scheinwerfer meines Wagens weisen uns den Weg auf dem schnurgeraden Interstate Highway. Erlaubt sind in Wyoming auf den überregionalen Highways maximal 75 Meilen pro Stunde. Das sind etwa 121 Stundenkilometer. Dieses Tempolimit reize ich mit 78 Meilen pro Stunde komplett aus. Da biegt von einer Auffahrt ein weiterer Wagen vor mir auf die Straße. Auf der linken Spur ziehe ich gemächlich an dem Fahrzeug vorbei. Erst als ich direkt neben dem anderen Auto bin, bemerke ich, dass es sich um die *Highway Patrol* handelt. Aber mit drei Meilen zu viel auf dem Tacho mache ich mir keine Sorgen. Leider zu unrecht, denn

prompt blinkt die Lichtanlage des Streifenwagens auf und zwingt mich zum unplanmäßigen Zwischenstopp auf dem Standstreifen.
In den USA stoppt die Polizei grundsätzlich hinter dem angehaltenen Wagen. Dabei kann der Beamte mittels seines Lichtes insbesondere in der Nacht sehen, was im Innenraum des Autos vor ihm passiert. So auch in meinem Fall. Der Cop tritt mit der Hand am Pistolenhalfter an das Fahrerfenster und verlangt Führerschein und Fahrzeugpapiere. Nachdem er sie erhalten hat, begibt er sich zurück zu seinem Wagen, um meine Personalien über Funk abzufragen. Erstaunlich lange dauert die Überprüfung. Dann endlich nach fünf Minuten kommt der Ordnungshüter wieder zu uns - und fordert mich auf, ihm zu seinem Fahrzeug zu folgen. Keine Erklärung, nur der Befehl *"Get out of your car and follow me to the patrol car!"* Irgendwie wird mir dabei schon ein wenig mulmig. Wieso muss ich jetzt dem Cop mitten auf der einsamen, nächtlichen Landstraße zu seinem Wagen folgen? Klar, der Mann ist ein Gesetzeshüter, aber hat man nicht schon viel über die Willkür jenes Berufsstandes in den USA gehört? Mir schwirren Geschichten von Dorfsheriffs, die in ihrem Einzugsbereich das Gesetz nach ihrer Meinung auslegen, im Kopf herum. Wie war das noch gleich mit Rodney King, der 1991 in Los Angeles von Polizisten verprügelt wurde?
Diese Gedanken gehen vielleicht ein bisschen zu weit, aber wenn man nachts auf einer leergefegten Straße in einem fremden Land von einer Person mit einer Waffe im Gürtel gebeten wird, das eigene, vermeintlich schützende Auto zu verlassen, dann sollten ein paar panische Fantasien zu verzeihen sein. Außerdem habe ich bisher noch nie davon gehört, dass man bei einer Routinekontrolle im Streifenwagen

landet, ohne etwas verbrochen zu haben. Meine Mitreisenden scheinen ebenfalls beunruhigt zu sein und werfen mir erstaunte Blicke nach.
Schließlich sind die zehn Meter Distanz zum Polizeiauto überwunden. Der Beamte öffnet mir die Tür. Nachdem ich mich auf dem Beifahrersitz niedergelassen habe, fängt der Uniformierte an zu reden. Anscheinend merkt er mir mein Unbehagen an, denn er versichert mir mit ernstem Blick *"you are not in trouble."* So weit so gut, in Schwierigkeiten bin ich also angeblich nicht. Warum sitze ich denn jetzt immer noch mit einem flauen Gefühl im Magen in einem Streifenwagen und nicht mehr in meinem eigenen Geländewagen? "Ich wollte Dir vor Deinen Freunden keine Standpauke halten", erklärt der Beamte. Er möchte mir nur unter vier Augen mitteilen, dass ich zu schnell gefahren bin. Mit seiner Laserpistole habe er 78 Meilen pro Stunde gemessen und das seien schließlich drei Meilen mehr als erlaubt. Ein Ticket würde ich nicht bekommen, sondern nur eine mündliche Verwarnung.
Die ganze beunruhigende Aktion findet also nur statt, weil der Cop mich nicht vor meinen Mitfahrern zur Rede stellen wollte? Ich kann es kaum glauben und atme erleichtert auf. Plötzlich kommt mir der Polizist sehr freundlich vor. Er reicht mir meine Papiere zurück und erkundigt sich noch, woher wir gerade kommen würden. Als ich ihm von dem Besuch im Yellowstone Nationalpark erzähle, gerät er selber ins Schwärmen und hört kaum noch auf, mir von der schönen Natur seines Heimatstaates zu erzählen. Bei der Verabschiedung weist er mich noch darauf hin, dass nachts viele Rehe, Antilopen und anderes Wild die Highways überqueren. Deshalb sollte man besonders vorsichtig und auf gar keinen Fall zu schnell

fahren. Ich versichere ihm, dass ich den Tipp ernst nehmen werde und begebe mich zu meinem eigenen Wagen zurück. Voller Erleichterung kann die Reise weitergehen. Die Lektion des Beamten hat Wirkung gezeigt: meine Tachonadel überschreitet die zulässige Höchstgeschwindigkeit in dieser Nacht nicht mehr.

Die Verhaltensregeln im Umgang mit der Polizei variieren in Nordamerika je nach Region. In den Großstädten sollte man im Falle einer Kontrolle vor allem in der Nacht stets die Innenbeleuchtung anschalten und dann ganz deutlich erkennbar beide Hände ruhig auf das Lenkrad legen. Ganz wichtig: Den Griff zu den Papieren in der Jackentasche oder im Handschuhfach nur nach eindeutiger Aufforderung des Beamten durchführen. Wer zu schnelle Bewegungen macht, der könnte sich plötzlich einer gezogenen Waffe gegenüber sehen und gnadenlos aus dem Wagen gezerrt werden. Die Cops sind dabei teilweise nicht zimperlich. Die harsche Behandlung hat natürlich einen Grund. Woher soll der Polizist wissen, ob der schnelle Griff ins Handschuhfach nicht einer dort versteckten Waffe gilt.

Auf dem Lande allerdings laufen solche Vorgänge oftmals lockerer ab. Als ich in der Nähe der Kleinstadt Torrington im Osten Wyomings mal wieder für drei Meilen zu viel auf dem Tacho angehalten werde, bin ich bemüht, alle gelernten Regeln brav einzuhalten. Mit beiden Händen auf dem Lenkrad erwarte ich den Gesetzeshüter. Als der Polizist durch das Seitenfenster in den Wagen guckt, fängt er über das ganze Gesicht zu grinsen an und meint lässig: *"We are not in L.A.! You can take your hands away from the steering wheel."* Frei übersetzt will der freundliche Schutzmann mir also mitteilen, dass es im ländlichen Wyoming nicht so streng wie in der Westküsten-

Metropole mit jeder Menge Gangs und sonstigen Kriminellen gesehen wird und ich die Hände vom Steuerrand nehmen kann. Zum ersten Teil seiner Äußerung kann ich nur sagen: So ein Glück, dann hat mich mein Orientierungssinn also nicht verlassen. Und zu seiner Verhaltensregel bei Verkehrskontrollen im ländlichen Wyoming fernab der sechsspurigen *Freeways* Kaliforniens muss ich ergänzen, dass ich ganz froh bin, meine leicht verkrampften Hände vom Lenkrad zu nehmen.

Eine Strafe brauche ich übrigens wieder nicht zahlen. Der Uniformierte belässt es bei einer mündlichen Verwarnung wegen der minimalen Geschwindigkeitsübertretung. Danach folgt wieder der anscheinend obligatorische Hinweis auf das viele Wild, welches regelmäßig den Highway überquert. Die Frage nach dem Reiseziel und der anschließend voller Stolz vorgetragene Monolog über die landschaftlichen Schönheiten seines Heimatstaates lässt der Beamte sich natürlich auch nicht nehmen. Es scheint, als hätten sämtliche Staatsdiener Wyomings in der Polizeiakademie auch das Ausbildungsfach "Werbung für Wyoming" belegen müssen.

Wer die Forderungen der Uniformierten nicht befolgt oder es an Höflichkeit vermissen lässt, hat allerdings schlechte Karten. Das kann ein europäischer Freund von mir bestätigen. Mit mehreren Personen sind wir in einem voll besetzten Auto auf dem Interstate 80 von Laramie in Richtung Rawlins unterwegs. Der Wagen ist frisch gekauft. Der stolze Besitzer sitzt hinter dem Steuer und möchte die Leistungsfähigkeit seiner Neuerwerbung austesten. Die Nichtbeachtung des Tempolimits und das kurzzeitige Beschleunigen auf 90 Meilen pro Stunde erweist sich als sein erster Fehler. Wie es das Pech will, kommt uns genau in

diesem Moment ein Streifenwagen entgegen. Der aufmerksame Beamte setzt zu einem gewagten Wendemanöver an. Da es auf den meisten amerikanischen Interstate Highways keine Mittelleitplanke gibt, kann er ganz leicht den mehrere Meter breiten Grünstreifen überqueren und die Verfolgung aufnehmen. Prompt sitzt er uns im Nacken, lässt seine Sirene kurz aufjaulen und fordert uns unter Zuhilfenahme seines Blaulichts auf, unverzüglich am Straßenrand zu halten.
Die folgende Verkehrskontrolle verleitet unseren armen Fahrer zu seinem zweiten Fehler. Auf mehrere Fragen des Beamten, die er nicht richtig versteht, antwortet er unglücklicherweise mit einem knappen *"what?"*. Das dieser Ausdruck in der englischen Sprache manchmal als recht barsch und unhöflich erscheint, ist unserem Freund in diesem Moment leider nicht bewusst. Ein *"pardon"*, *"excuse me"* oder *"sorry"* wäre in diesem Fall sicherlich angemessener gewesen. So wird ihm die sprachliche Barriere zum Verhängnis. Das Resultat ist ein wütender, unnachgiebiger Blick des strengen Polizisten und ein Gerichtstermin wegen der Geschwindigkeitsüberschreitung. Zu diesem Termin muss der Übeltäter einige Tage später persönlich erscheinen, um zu einer 90 Dollar Geldstrafe verurteilt zu werden. Es bleibt natürlich offen, inwiefern die unabsichtliche Unhöflichkeit oder nur die begangene Geschwindigkeitsübertretung in die Höhe der Strafe einfließen. Übrigens stellte auch dieser sichtlich verärgerte Polizist die Frage nach dem Reiseziel, unterlässt aber die gewohnte Anpreisung der Naturwunder seines Heimatstaates. Stattdessen verabschiedet er uns lieber mit einem weiteren Gesichtsausdruck der Marke "Wenn Blicke töten könnten". Na ja, seine Waffe lässt er zum Glück im Halfter stecken.

Zwischen Offenheit und Engstirnigkeit

"According to the presidential election results, Wyoming and Oklahoma shared the distinction of giving the highest percentage of votes to John McCain, at 65 percent and 66 percent respectively. Wyoming recorded the lowest percentage of support in the nation, at 33 percent, for Barack Obama."
(www.wyofile.com, Rone Tempest, 2008)

Konservativ, bodenständig und gelassen sind Eigenschaften mit denen sich der Durchschnittsbürger Wyomings sehr gut beschreiben lässt. Doch es gibt auch Anlässe, bei denen es kein Halten mehr gibt und der kollektive Wahnsinn zu herrschen scheint. In meinen Jahren in Laramie habe ich es zwei Mal erlebt, dass die komplette Bevölkerung der Stadt regelrecht außer Rand und Band gerät. Das erste - zugegebenermaßen recht unpolitische - Beispiel ist schnell erzählt. Zum Footballspiel der University of Wyoming drängen sich über 30.000 Fans im riesigen War Memorial Stadium. Die Arena fasst mehr Zuschauer als die komplette Stadt Einwohner hat. Aus dem ganzen Staat kommen die Anhänger des Teams zu den Heimspielen und nehmen dafür stundenlange Autofahrten durch die Einöde auf sich. Schließlich spielen die Wyoming Cowboys heute gegen den scheinbar unschlagbaren Erzrivalen der Brigham Young University aus Utah. Der Jubel auf den voll besetzten Rängen schwillt zu einem wilden Crescendo an, als die Heimmannschaft in Führung geht und diese sogar bis zum Abpfiff auf 31:17 ausbaut.
Dieser Sieg muss gefeiert werden, denken sich die Fans und stürmen zu Tausenden das Spielfeld. Ein paar besonders Wagemutige rütteln kräftig an den

zehn Meter hohen Torpfosten. Schließlich geben das Erdreich und die Bodenfassung nach. Die Pfosten senken sich langsam über der wachsenden Menschenmenge und werden von hoch gereckten Armen empfangen. In einer Prozession werden die Footballtore vom Campus über die Hauptstraße bis in die Innenstadt getragen. Auf dem zwei Meilen langen Weg schließen sich weitere hunderte Anwohner dem ungewöhnlichen Umzug an. Die komplette Bevölkerung der Stadt scheint auf den Beinen zu sein. Jubelnd trägt die Masse die Tore als Zeichen des Erfolges mit sich. Stundenlang ruht der Autoverkehr und es herrscht Freudentaumel und Anarchie. Auf offener Straße wird Bier ausgeschenkt und niemand kontrolliert, ob die Konsumenten schon 21 Jahre alt sind. Im Gegenteil: die Polizei steht lachend daneben. Schließlich schlägt auch ihr Herz für die Wyoming Cowboys und ein Einschreiten würde einem Selbstmordkommando gleichen.
Soviel zum kollektiven Wahnsinn aufgrund eines sportlichen Erfolges. Mein zweites Beispiel hat einen weitaus ernsteren und politischeren Hintergrund. Es ist zwar schon ein paar Jahre her und trug sich bei einem meiner ersten Aufenthalte in Wyoming zu, verdeutlicht aber immer noch recht gut die Empfindungen der Bewohner Laramies. Nach Monaten gezielter Wahlkampagnen mit ungeheuren Ausgaben in Millionenhöhe stehen sich George Walker Bush und der spätere Friedensnobelpreisträger Albert Arnold Gore bei der Präsidentschaftswahl 2000 gegenüber.
Wie in allen anderen Bundesstaaten verbringen die Menschen in Wyoming den Abend beziehungsweise die Nacht vor dem Fernseher. Es ist jene Wahlnacht in der ein Mann zum Präsidenten gekürt wird, der eigentlich weniger Stimmen als sein Konkurrent er-

reicht hat. Jene Wahlnacht in der eine fragwürdige Entscheidung dunkle Wolken über dem *Sunshine State* Florida aufziehen lässt. Trotz Ungereimtheiten und eines denkbar knappen Ausgangs wird eine erneute Stimmennachzählung gerichtlich untersagt und Floridas Stimmen gehen an Bushs Republikaner. Damit wird die erste von zwei Amtszeiten des Texaners eingeleitet. Der Rest der Geschichte ist allgemein bekannt. Fortan werden Diktatoren besiegt, Länder zum Kapitalismus bekehrt und jede Menge junge, uniformierte Amerikaner brechen zu mehrmonatigen Auslandsaufenthalten in exotische Wüstenländer auf. Dort entdecken sie Höhlen in versteckten Bergregionen und spielen Fangen und Verstecken mit den Einheimischen. Doch während der Saddam sich schnell finden lässt, mimt Osama den Spielverderber und bleibt immer noch unentdeckt.
Aber das konnte damals in jener Wahlnacht ja noch niemand ahnen. Es ist die Zeit noch vor dem tragischsten aller 11. September. Amerika diskutiert über die Moral und die Eskapaden von Bill Clinton und nicht über die Achse des Bösen. Dennoch kommt die extreme Reaktion meiner lieb gewonnenen Mitmenschen in meiner zweiten Heimat dann aber doch irgendwie überraschend. Es war schon mitten in der Nacht als die Nachrichtensprecher aller großen Sender unisono George Bush als Sieger ausrufen. Wenige Stunden zuvor hieß es noch auf einigen Kanälen, dass Al Gore gewonnen habe. Diese Ankündigung hatte für eine Art Trauerstimmung und tiefe Stille bei der Mehrheit der Menschen in Wyoming gesorgt.
Umso lauter fällt die Reaktion nach Verkündung des Bush-Sieges aus. Plötzlich strömen Menschen auf die Straße. Ein Mann schleudert seinen Cowboyhut im puren Freudentaumel in die Luft. Nachbarn fallen

sich um den Hals. Ein Wirt verspricht seinen Gästen mit glänzenden Augen eine Runde Freibier. Spontan springen die Leute in ihre Autos und bilden einen Korso quer durch die Stadt. Hupkonzerte ertönen und Bush-Sprechchöre zeugen von Solidarität gegenüber dem neuen Staatsoberhaupt. Inmitten dieses Spektakels stehe ich und habe noch nie eine solche Begeisterung aufgrund einer politischen Entscheidung erlebt. Wo sind denn die Politikmuffel geblieben? Schlafend in ihren Häusern? Das vermag ich nicht zu glauben, denn wer kann schon bei so einem Lärm im Land der Träume verweilen?
Wäre nicht Florida sondern Wyoming das Zünglein an der Waage gewesen, dann hätte George W. Bush seinen Wahlsieg sicherlich fair und überzeugend eingefahren. Eine erneute Stimmauszählung im *Cowboy State* wäre nicht nötig gewesen. Denn in diesem konservativen Landstrich erhält der Republikaner sowieso die eindeutige Mehrheit der Stimmen. Aber ist das ein Wunder? Der Junge von der Ranch in Texas stammt doch aus der gleichen Gesellschaft wie die Viehzüchter und Farmer auf den Hochebenen der Rocky Mountains. Stimmt, die Bush-Dynastie hat sicherlich ein paar Millionen mehr auf dem Konto als der durchschnittliche Klein-Rancher Joe Smith mit seiner handvoll Kühen auf der Weide und dem hölzernen Bauernhof vor den Toren Laramies. Und Papa Smith war auch nicht als Präsident Vorgänger des ach so unanständigen Bill Clinton. Zwei Generationen, zwei Präsidenten, eine Familie - da haben die George Bushs dieses Landes schon mehr erreicht.
Ein amerikanischer Freund erklärt mir noch im Freudentaumel der Wahlnacht: der Erfolg der Bush-Familie steht symbolisch für den aufstrebenden Westen, eben den modernen Wilden Westen. "*George*

Bush puts the West back on the map", meint mein Kumpel mit hoch erhobenem und vor Aufregung hoch rotem Kopf. Und vor allem verschafft er auch Wyoming ein dickes Stück vom Präsidentschaftskuchen. Schließlich stammt Vizepräsident Dick Cheney von hier. Die Nummer Zwei im Staate ist in Casper zur High School gegangen und hat an der University of Wyoming Politikwissenschaften studiert. Daher kennt die Begeisterung und Unterstützung für den alternden *local hero* keine Grenzen.
Die Westmänner George Bush, Dick Cheney und ihre Mitstreiter stehen für traditionelle, christliche Werte. Das ist ganz im Sinne der Bewohner Laramies, die sich mehrheitlich in den 39 Kirchen und anderen religiösen Organisationen der Kleinstadt engagieren. Da gibt es die Snowy Range Evangelical Free Church, die First United Methodist Church oder etwa die First Church of the Nazarene. Und wussten Sie wie viele verschiedene baptistische Kirchen es gibt? Also in Laramie sind es die Bethel Baptist Church, die Cornerstone Baptist Church, die First Baptist Church, die Grace Baptist Church, die Grand Avenue Baptist Church, die Baptist Laramie Valley Chapel, die Trinity Baptist Church und nicht zu vergessen die Zion Baptist Church.
Doch zurück zu den weltlichen Werten, der politischen Frühgeschichte Wyomings und einigen überraschenden Fakten… Wenn man mich fragen würde, welcher US-Bundesstaat als erstes das Wahlrecht für Frauen eingeführt hat, wäre mir wahrscheinlich irgendeine vermeintlich liberalere Region an der Ostküste eingefallen. In Massachusetts mit der liberal geprägten Uni-Metropole Boston? In New York unter den Augen der Freiheitsstatue? In Pennsylvania wo 1776 die Unabhängigkeitserklärung angenommen

wurde? Nein, damit liege ich absolut falsch. Das konservative Wyoming erlaubte seinen weiblichen Bewohnerinnen den Gang an die Wahlurne noch vor sämtlichen anderen US-Staaten.
Allerdings wollte man(n) im Jahre 1869 nicht als extrem fortschrittlich gelten und der Gleichberechtigung mit großen Schritten entgegen laufen. Der Hauptgrund für diese kleine politische Revolution entsprang vielmehr dem puren Eigennutz. Zu jener Zeit bestand die Bevölkerung der Region fast ausschließlich aus Rinderzüchtern, Soldaten, Eisenbahnangestellten und Minenarbeitern. Die Vertreter dieser Berufsgruppen hatten alle etwas gemeinsam: sie waren ausschließlich männlich. Frauen gab es damals in Wyoming kaum. Irgendein schlauer Kopf kam folgerichtig auf die Idee: gebt den Frauen das Recht zu wählen, und so werden immer mehr von ihnen den Osten verlassen und sich im *Cowboy State* ansiedeln. Der Vorschlag wurde angenommen und der Slogan *equal rights*, also "gleiche Rechte", prangt noch heute auf dem Wappen des Staates. Der Spitzname *Cowboy State* bekam ebenfalls Konkurrenz. Wyoming ist heutzutage auch als *Equality State* bekannt. Der Staat blieb erstaunlicherweise weiterhin Vorreiter in Sachen Frauenpolitik. Die erste Abgeordnete des US-Parlaments und die erste weibliche Friedensrichterin kamen aus Wyoming. 1925 wurde mit Nellie Taylor Ross in Cheyenne sogar die erste weibliche Gouverneurin des Landes vereidigt, nachdem der bisherige Gouverneur, ihr Ehemann William Bradford Ross, an einer Blinddarmentzündung verstorben war.
Wer nach der bisherigen Schilderung immer noch glaubt, nicht-republikanische Politiker und Wyoming passen einfach nicht zusammen, kann aber hoffentlich doch noch eines Besseren belehrt werden. Im-

merhin waren unter den letzten vier Gouverneuren des Bundesstaates gleich drei Demokraten. Während des äußerst knappen Duells zwischen Hillary Clinton und Barack Obama um die demokratische Präsidentschaftskandidatur kamen Anfang März 2008 immerhin 16.000 begeisterte Anhänger Obamas nach Laramie in die Arena-Auditorium, der größten Sportarena des Staates. Wahrscheinlich fiel der Name Wyoming noch nie so häufig in deutschen Medien, wie an dem Tag als sich der Senator aus Illinois auch im Cowboy State gegen die ehemalige First Lady durchsetzen konnte. Obwohl die Entscheidung der Demokraten im bevölkerungsärmsten Bundesstaat nur ein kleiner Schritt auf dem Weg zur Kandidatenkür war.

Allerdings scheinen sich die pro-demokratischen Tendenzen nur auf wenige Regionen in Wyoming zu beschränken. Bei der anschließenden Präsidentschaftswahl im November 2008 kam lediglich in Albany County und in Teton County eine Mehrheit für Barack Obama zusammen. In Albany County liegt die für die Verhältnisse in Wyoming relativ weltoffene Uni-Stadt Laramie und in Teton County der noble Skiort Jackson mit seinen zahlreichen aus anderen Bundesstaaten zugezogenen Bewohnern. Der Rest des Bundesstaates votierte eindeutig zu Gunsten des Republikaners John McCain. Der Senator aus Arizona kam im Cowboy State auf 164.958 Stimmen im Vergleich zu 82.868 Wählern für Barack Obama. Im kleinen Crook County, benannt nach General George Crook aus der Zeit der Indianerkriege, entschieden sich sogar knapp über 80 Prozent für Senator McCain.

Den Spagat zwischen den modernen und konservativ bis intoleranten Lebenseinstellungen der Bewohner in der Rocky Mountains Region verdeutlicht auch fol-

gende traurige, leider nur allzu wahre Geschichte. Es ist ein schöner, sonniger Herbsttag. Die Oktobersonne entsendet ihre letzten warmen Strahlen vor dem drohenden Wintereinbruch in Richtung Laramie. An diesem ansonsten so lieblichen Tag bietet sich den Studenten, Lehrkräften und Passanten auf dem Campus der Universität von Wyoming ein bizarres Bild. Auf dem zentralen Platz des Universitätsgeländes versammeln sich zwei absolut gegensätzliche Personengruppen, um für Ihre jeweiligen politischen Ziele und Rechte zu demonstrieren. Auf der linken Seite stehen zehn bis fünfzehn junge Männer in wallenden, weißen Gewändern. An ihren Rücken haben sie große Flügel befestigt. Die "Engel" sind Aktivisten einer homosexuellen Gruppe, die für mehr Akzeptanz im ansonsten recht homophoben, ländlichen Wyoming demonstrieren.
Räumlich nur fünf Meter - aber vom Gedankengut her meilenweit - rechts davon präsentiert sich eine weitere Gruppe. Im Gegensatz zu den friedlich wirkenden schwulen Engeln strotzen ihre Gesichtszüge vor Aggressivität. Ein Mann schleudert ohne Unterbrechung Hassparolen in Richtung der Homosexuellen. Ein Passant flüstert mir zu, dass der Wüterich ein ultrakonservativer Prediger aus Kansas sei. Mit seinen Anhängern propagiert er Schwulenhass unter dem Deckmantel der Bibel. Seine Mitstreiter tragen Blue Jeans und Flanellhemden, die Frauen lange Röcke und züchtige Oberteile. Aber am meisten erschreckt mich die Anwesenheit von mehreren Kindern. Die höchstens sieben oder acht Jahre alten Knirpse werfen abwechselnd vertrauensvolle Blicke auf ihren Hassprediger und verärgerte Blicke zu den Engeln auf der anderen Seite. Die Jüngsten halten Holzschilder hoch, auf denen Hetzparolen wie "*gays*

rott in hell" stehen. Die Meinungsfreiheit geht in diesem Fall so weit, dass Kinder dazu missbraucht werden, um die eigenen Moralvorstellungen in beleidigender Weise zu äußern und dabei trotzdem straffrei davon zu kommen.
Damit die beiden Gruppen nicht in ein Handgemenge geraten, hat die Polizei mit Absperrband zwei Quadrate errichtet. Jede Partei steht in einem der abgetrennten Areale und beäugt die gegenüberstehenden Personen. Zwischen den Gruppen führt der Fußweg entlang, so dass jeder zufällig vorbeikommende Spaziergänger zwischen den Kontrahenten hindurch gehen muss. Die Aufmerksamkeit ist den Demonstranten zumindest zeitweise sicher. Mit großer Gelassenheit schütteln die meisten Unbeteiligten allerdings nur kurz den Kopf und setzen unbeirrt ihren Weg fort. Ein einsamer Polizist beaufsichtigt die Protestaktionen.
Szenenwechsel. Auch vor dem *Albany County Courthouse*, dem Gerichtsgebäude in Laramie, stehen Absperrungen. Mehrere Streifenwagen bewachen das weiträumig gesicherte Gelände. Niemand darf die Rasenfläche neben dem mehrgeschossigen Bau betreten. Fernsehteams im Eingangsbereich zeugen von einem großen medialen Interesse. Denn im Hauptgerichtssaal findet ein Mordprozess statt, der überall im Lande aufmerksam verfolgt wird. Auch die beschriebenen Proteste der homosexuellen Engel und des radikalen Predigers finden aufgrund des Prozesses statt. Angeklagt sind zwei Männer aus Laramie. Sie sollen den 21-jährigen Homosexuellen Matthew Shepard ermordet haben. Nachdem sich Täter und Opfer in einer Bar kennen gelernt hatten, fuhren sie in die Felder außerhalb der Stadt. Dort fesselten die beiden Angeklagten ihre Bekanntschaft an einem Weidezaun

und schlugen ihn mehrfach mit einer Pistole. Nachdem Matthew Shepard später von zufällig vorbeikommenden Radfahrern leblos entdeckt wurde, starb er einige Tage später in einem Krankenhaus in Fort Collins. Kurz darauf wurden die beiden mutmaßlichen Mörder festgenommen. Bei ihnen fand man eindeutige Beweisstücke.
Die grausame Tat geschah vor meiner Ankunft in Laramie. Den Prozess und die skurrilen Demonstrationen des Predigers und der Aktivisten bekomme ich jedoch komplett live vor Ort mit. Wochenlang gibt es in der Kleinstadt kaum ein anderes Thema. Fast jeder kennt entweder Opfer oder Täter. Mein Kumpel Brian hat zusammen mit dem Getöteten in einer Tankstelle gejobbt. Ein anderer Bekannter war ein Nachbar des Opfers. Nahezu alle beschreiben Matthew Shepard als netten, jungen Mann und verdammen die Tat. Doch manchmal hört man hinter vorgehaltener Hand auch andere Töne. Dann ist von Vorurteilen gegen Schwule die Rede. Es wird klar, dass Wyoming immer noch ein erzkonservativer Landstrich ist. Kein Wunder, der liberale Osten oder etwa die weltoffene Metropole San Francisco liegen mehrere Flugstunden entfernt. Diese Thematik wird sogar in einem Broadway Musical und Dokumentarfilmen aufgegriffen. *The Laramie Project* und *The Matthew Shepard Story* verbreiten die Tragödie von Laramie in die ganzen Vereinigten Staaten und darüber hinaus.
Ich stehe vor dem Gerichtsgebäude und schaue links zu dem benachbarten Polizeirevier samt Untersuchungsgefängnis. Hier sitzen auch die beiden Mörder von Matthew Shepard zurzeit noch ein. Das Haus ist ein rechteckiger Klotz fast ohne Fenster und ohne Innenhof. Bei einer Recherche für einen Zeitungsartikel habe ich einmal den Vorraum betreten. Hinter der

massiven Eingangstür kommt man in einen kahlen Raum. Auf der rechten Seite ist eine schusssichere Glasscheibe hinter der sich Beamte befinden, um via Gegensprechanlage mit den eingetretenen Personen zu kommunizieren. Auf einem Stuhl sitzen ein Mann und eine Frau. Sie wollen einen Angehörigen im Knast besuchen. Plötzlich bewegt sich eine große automatische Schiebetür. Die beiden Besucher gehen hindurch. Ich erkenne beim Blick in das Innere die ersten Gitterstäbe und Zellen. Auch dort wirkt alles steril und eintönig. Weiße Wände und sonst nichts. Wer die unendliche Weite der Hochebenen und Prärien Wyomings als Lebensraum gewöhnt ist, muss hier eingeschlossen schon fast zwangsläufig unter Klaustrophobie leiden.

Die beiden Mordangeklagten werden an jedem Prozesstag aus ihren Zellen zum Gericht geführt. Tatablauf und Motiv bleiben verschleiert. Bei ihren Aussagen erzählen die beiden Täter unterschiedliche Versionen. Angeblich wollten sie Shepard lediglich ausrauben und fühlten sich aber durch die Homosexualität ihres Opfers bedroht. Dann sei es als Kurzschlussreaktion zu der Tötung gekommen. Ein geplanter Mord würde also demnach nicht vorliegen. Diese Verteidigungsstrategie wird als *Gay Panic Defence* bezeichnet. Wobei es widersprüchlich erscheint, dass die Angeklagten keine Scheu zeigten, sich angeblich Shepard gegenüber selber als homosexuell auszugeben. So soll das kriminelle Duo ihn überhaupt erst überzeugt haben, sie von der Bar aus der Stadt hinaus zu begleiten.

Am Ende folgt auf jeden Fall ein Urteil, das die Mehrheit der rechtschaffenen Menschen aufatmen lässt. Beide Männer werden zu lebenslanger Haft ohne Chance auf Begnadigung verurteilt. Sogar viele der mit anti-homosexuellen Vorurteilen behafteten Bürger äußern sich zufrieden über die Entscheidung der Geschworenen. Schließlich dulden auch sie keine freilaufenden Mörder in ihrer Mitte. Nur der Prediger aus Kansas scheint unbelehrbar und fällt weiterhin durch provokante Demonstrationen auf. Mehrfach stört er in verschiedenen Bundesstaaten Trauerfeiern für gefallene, homosexuelle US-Soldaten.

In der Rodeo-Arena

"From a phone booth in Cheyenne
I made a promise to Diane
No more rodeos, I'd gone my last go 'round [...]
To make her one more promise that I can't keep
The way I love the rodeo I guess I should let her go
Before I hurt her more than she loves me"
(Wild Horses, No Fences, Garth Brooks, 1990)

Kennen Sie Garth Brooks? Der Country-Sänger hat in den Vereinigten Staaten einen Bekanntheitsgrad und Kultstatus in etwa vergleichbar mit deutschen Schlager-Idolen wie Udo Jürgens. Die Fans kommen aus allen Bevölkerungs- und Altersschichten. Hausfrauen, Senioren, Schüler, Manager oder Arbeiter zählen zu den Käufern seiner Musiktitel. Doch anstatt am Klavier klimpernd von Bohnerwachs und Spießigkeit, neonhellen Treppenhäusern und der Sehnsucht nach New York und San Francisco zu singen, begeistert Garth Brooks mit seiner Gitarre und Texten über das einfache Leben auf der Ranch fernab der Großstädte ein Riesenpublikum. Laut Rolling Stone Magazine hat der Country-Star aus Oklahoma mittlerweile sogar Elvis mit der Anzahl seiner Plattenverkäufe überholt. Sein Hit-Album *No Fences* ging mehr als 16 Millionen Mal über die Tresen der Musikläden.

In seinem Song *Wild Horses* trällert der US-Volksheld und Western-Barde über seine Beziehung zum Rodeo und zu den Frauen so etwas wie "Von einer Telefonzelle in Cheyenne gab ich ein Versprechen an Diane: Keine Rodeos mehr." Der patriotische und traditionsbewusste Durchschnittsbürger Wyomings wird bei diesen Zeilen vermutlich entrüstet aufschreien. Ein Country-Sänger, der sich vom Rodeo abwendet, das grenzt schon beinahe an Blasphemie. Doch die Aufregung ist umsonst, denn am Ende des Liedes entscheidet sich Garth Brooks mit den Worten “So wie ich das Rodeo liebe, ist es besser, sie gehen zu lassen” für die wilden Stiere und gegen die arme Diane. Natürlich handelt es sich “nur” um einen simplen Songtext begleitet von einigen gezupften Akkorden auf einer Western-Gitarre. Doch diese Zeilen beschreiben das enge Verhältnis der modernen Wild West-Bevölkerung zu ihrer traditionsreichen Vergangenheit äußerst treffend. Rodeos sind von größter Wichtigkeit für die Landbevölkerung. Schließlich bieten sie den Einheimischen eine Möglichkeit, die alten Zeiten der Viehtriebe und Cowboys weiter leben zu lassen und Nostalgie und Moderne zu kombinieren.

Nicht von ungefähr steht die Telefonzelle im Lied von Garth Brooks in Cheyenne. Finden doch in der Hauptstadt Wyomings seit 1897 jedes Jahr die *Frontier Days* statt. Bei dieser Veranstaltung handelt es sich um das größte Rodeo der Welt - das behaupten zumindest die Organisatoren. 300.000 Besucher drängen sich zehn Tage lang im Juli auf dem Festgelände, dem Frontier Park, südlich der Innenstadt. Neben dem eigentlichen Rodeo finden Konzerte, verschiedenste Wild West Darbietungen und sogar eine Flugshow statt. In einem traditionellen Indianerdorf zeigen die Ureinwohner wie ihre Vorfahren vor der Verdrängung durch den "Weißen Mann" gelebt haben. Die Hotels und Motels im gesamten Südosten Wyomings und teilweise sogar in den angrenzenden Kleinstädten Nebraskas und Colorados sind komplett ausgebucht. Bis spät in die Nacht wird in Bars und Kneipen gezecht, um dann am nächsten Morgen mit 40.000 anderen Menschen beim kostenlosen Pfann-

kuchen-Frühstück samt Schinken und triefendem Ahornsirup den Kater mit Cholesterin zu bekämpfen.
Von Freunden in Wyoming habe ich die unterschiedlichsten Meinungen zu den *Frontier Days* gehört. Für viele Einheimische ist es DAS Top-Event des Jahres, für Andere nur ein kitschiger Abklatsch der ursprünglichen Rodeos, mit dem Ziel zahlungskräftige Touristen zu begeistern. Leider hatte ich bisher noch nicht die Gelegenheit, die *Frontier Days* zu besuchen. Stattdessen bin ich zu Gast bei einer kleineren Veranstaltung, dem Laramie River Rendezvous College Rodeo in Laramie. Dieses dreitägige Wildwest-Festival gibt es immerhin auch schon seit 1949. Dort sitzen im Publikum keine Touristen. Laut meinem Kumpel Tom ist es eben viel authentischer - und damit seiner Meinung nach auch viel, viel besser.
Allerdings treten hier nicht die Großverdiener unter den Bullenreitern an. Statt um Rodeo-Profis handelt es sich bei den Athleten dieser Veranstaltung um mehrere College-Teams. Ähnlich wie beim Basketball oder American Football brauchen diese Nachwuchstalente des Rodeosports aufgrund ihrer Stipendien an ihren Hochschulen keine teuren Studiengebühren zahlen. Dafür repräsentieren sie ihre Colleges auf den zahlreichen Westernveranstaltungen im gesamten Land. Das gelang dem Damen Rodeo-Team - ja, auch so etwas gibt es - der University of Wyoming im Sommer des Jahres 2007 ganz besonders gut. Die Studentinnen gewannen beim *College National Finals Rodeo* den US-Meistertitel.
Anstelle eines mehrtägigen Rahmenprogramms auf einem großen Festivalgelände wie bei den *Frontier Days* beschränken die Veranstalter der College Rodeos sich auf das Wesentliche. In Laramie liegt der Rodeo-Komplex der Uni ein paar Meilen westlich der

Der allgegenwärtige Cowboy. Diese Statue steht auf dem Campus der University of Wyoming direkt zwischen Football-Stadion und Basketball-Arena.

Stadt. Mitten in der Prärie stehen einige Stallungen, Reitplätze und die Haupthalle. Aufgrund der langen und kalten Winter mit den eisigen Winden findet das

Rodeo in der überdachten Arena statt. Von der Hauptstraße fahre ich auf den von Matsch bedeckten Parkplatz der Cliff and Martha Hansen Livestock Teaching Area. So lautet der offizielle Name der Arena. Ein paar dutzend Pick-ups, Geländewagen und andere PS-Monster haben mir schon die Parkplätze in der ersten Reihe streitig gemacht. Ihnen entsteigen Männer und Frauen in nahezu uniformer Kleidung. Jeans, Karohemden und der obligatorische Cowboyhut scheinen Pflicht zu sein. Zum Glück bin ich vorgewarnt und falle in der Masse kaum auf. Denn auf dem Kopf trage auch ich einen feschen Stetson.

Während ich diese Zeilen schreibe, hängt das gute Stück als Erinnerung und Inspiration an der Wand in meinem Arbeitszimmer in *Good Old Germany*. Schließlich habe ich immerhin 70 US-Dollar für den Cowboyhut Marke *Rodeo King* bezahlt. Erstanden habe ich ihn in einem Western-Laden in Downtown Laramie. Zwischen dutzenden weiteren Hüten in allen möglichen Variationen und Farben lag er dort im Regal. Grau, mit einem Lederband und breiter Krempe. Innen die Aufdrucke *beaver quality* und (natürlich) *Made in U.S.A.*

Mit diesem modischen Accessoire auf dem Kopf betrete ich jetzt die Veranstaltungshalle. Vorbei an einem Getränkestand gelange ich auf die Tribüne mit kahlen Metallbänken. Auf einem der nicht nummerierten Sitze nehme ich Platz und warte mit Spannung auf den Beginn des Spektakels. Auf der rechten Seite des sandigen Reitplatzes öffnet sich ein Tor und mehrere Reiter traben in die Arena. Sie halten Flaggen in die Höhe. Natürlich ist das rot-weiß gestreifte Sternenbanner dabei. Direkt dahinter hält eine junge Frau hoch zu Ross die Flagge des Staates Wyoming. Dar-

auf ist ein weißer Büffel auf blauem Grund zu sehen. Weitere Reiter präsentieren die Flaggen der teilnehmenden Universitäten. Sie alle tragen die schon beschriebene Cowboy-Kluft. Während die Prozession langsam durch die Halle reitet, ertönt aus den Lautsprechern der *Pledge of Allegiance*, der traditionelle Treueschwur auf die Flagge der Vereinigten Staaten. In dem patriotischen Text wird an den Zusammenhalt der Nation, die Freiheit und gleiche Rechte für alle appelliert. Der Treueschwur wird bei vielen offiziellen Anlässen oder auch als Morgenritual in amerikanischen Schulen zelebriert.
Jetzt muss ich aufpassen, dass ich nichts falsch mache. Denn wie bei der Nationalhymne nehmen alle Zuschauer und Rodeoreiter die Cowboyhüte vom Kopf und halten sie vor die Brust. Also folge ich den allgemeinen Verhalten und platziere meine Kopfbedeckung ebenfalls mit der Hand vor dem Oberkörper. Man will ja schließlich keine bösen Blicke ernten. Auf den Punkt genau, als die Flaggenträger ihre Runde beendet haben, stoppt die Musik. Jetzt stellen sich die Reiter nebeneinander in einer Reihe auf. Ich bin schon dabei mir den Hut wieder auf den Kopf zu setzen, als ich einen leichten Ellbogenstoß in die Rippen bekomme. Mein Sitznachbar erweist sich als der Übeltäter während er immer noch seinen Stetson in der Hand hält. Auf meinen fragenden Blick zischt er mir zu, dass jetzt die Nationalhymne folgt. Und dabei muss mein Kopf selbstverständlich auch weiterhin unbedeckt bleiben. Ich danke dem Mann für seinen Tipp und reibe mir die leicht schmerzenden Rippen. Dann ertönen auch schon die ersten Takte mit den bekannten Zeilen *Oh, say can you see*...Weiter geht es bis zu der Textpassage mit fliegenden Raketen und explodierenden Bomben. Irgendwie scheinen die

Stimmen der mitsingenden Menschenmasse bei diesem Teil noch lauter zu werden. Pazifismus ist für Cowboys anscheinend ein Fremdwort.
Wer glaubt, jetzt sei der musikalische Teil des Rodeoabends beendet, der irrt gewaltig. Es folgt der *Cowboy Joe Song*, die Hymne der Universität von Wyoming. Bei der flotten Melodie schunkelt die Zuschauermenge auf der leicht wackelnden Metalltribüne. *"C ... O ... W ... B ... O ... Y ... S ..., Cowboys, Cowboys, Cowboys"*, hallt es lautstark am Ende des Liedes durch die Manege. Und dann, ja dann geht es wirklich los. Die Flaggenträger verschwinden unter tosendem Applaus aus der Arena und die erste Disziplin beginnt.
Aufgepasst, es folgt die kleine Vokabelstunde für *Rodeo-Rookies*. *Rookies*? Das bedeutet Neulinge oder Anfänger. Und genau so fühle ich mich gerade. Fangen wir mit dem *Saddle Bronc Riding* an. Die Zeiten in denen Cowboys noch auf wirklich wilde Hengste sprangen, sich von den hoch steigenden Tieren durchschütteln ließen und die Pferde bei diesem Machtkampf besiegen und zähmen konnten, sind längst vorbei. Die heutigen Rodeo-Pferde sind meist relativ zahm und würden von alleine vermutlich nie versuchen ihre Reiter abzuwerfen. Also wendet der moderne Cowboy einen kleinen, aber fiesen Trick an. Eingepfercht in einer engen Box werden dem Pferd erst der Sattel und dann ein Seil um die Genitalien angelegt und leicht angezogen. Dann steigt der Reiter auf das erschrockene Pferd und das Tor zur Rodeoarena wird geöffnet.
Natürlich prescht der Hengst sofort heraus und steigt mit den Hinterläufen immer wieder in die Luft. Der Cowboy muss sein ganzes Geschick einsetzen, um dabei nicht abgeworfen zu werden. Dabei geht es

dem geplagten Pferd eigentlich nicht um den Menschen auf seinem Rücken, sondern um das enge Seil am Gemächt. Natürlich kann das Tier diese Fessel nicht alleine loswerden. Die Vorstellung ist vorbei wenn der Cowboy vom Sattel fällt. Hält er acht Sekunden lang auf dem Rücken des umher springenden Pferdes durch, hat er es geschafft und bekommt von den Kampfrichtern seine Haltungsnoten. Sobald der Cowboy gefallen ist oder das Zeitlimit erreicht hat, galoppiert ein weiterer Reiter in die Arena und zieht vorbeireitend das zwickende Seil vom Unterleib des verängstigten Tieres ab. Erstaunlich, wie schnell sich das Pferd wieder beruhigt, wenn erst einmal Reiter und Seil verschwunden sind…
Klaut man dem Cowboy vor seinem Ritt in der Arena den Sattel, dann sind wir auch schon bei der nächsten Disziplin. Nein, nicht Satteldieb erschießen, sondern *Bareback Riding*. Diese Rodeo-Variation funktioniert genau wie das eben beschriebene *Saddle Bronc Riding* - nur eben ohne Sattel. Die Krönung des Ganzen ist natürlich das *Bull Riding*. Hierbei wird das Pferd durch einen Bullen ausgetauscht. Auch dem gehörnten Rind wird ein Seil um die Körpermitte gehängt damit es richtig wild wirkt. Und so fliegen in der Arena vor den Toren Laramies die Cowboys nur so durch die Luft.
Mir stockt bei den kräftigen Bullen allerdings schon manches Mal der Atem. In ihrer Angst und blinder Wut stoßen die Tiere mit ihren Hörnern nach den herunter gestürzten Cowboys. Ein Rodeo-Teilnehmer wird hochgeworfen und fliegt mehrere Meter durch die Luft. Nach seiner unsanften Landung springt er sofort wieder auf und rennt schnell aus der Arena. Der Bulle fühlt sich anscheinend als Sieger. Das beengende Seil um die Genitalien hat ein vorbei pre-

schender Reiter schon abgezogen und die (S)tierquälerei damit beendet. Jetzt stolziert das mächtige Tier hoch erhobenen Kopfes durch die Halle. Erst zwei weitere Reiter können den Bullen in Richtung Boxen treiben. Nicht die einzige heikle Situation des Abends: ein weiterer Reiter wird von den Hufen eines Bullen getroffen und sinkt zu Boden. Helfer treiben das Tier von dem Verletzten weg. Ein Arzt springt über die Abtrennung in die Arena. Nach einer kurzen Untersuchung steht der getroffene Bullenbändiger wieder auf den eigenen, immer noch leicht wackeligen Beinen. Unter dem Applaus des Publikums verlässt er humpelnd die Sportstätte.

Bei den weiteren Disziplinen werden kleine Stiere an den Hörnern gepackt und umgeworfen (*steer wrestling*), Kälber mit Lassos gefangen (*calf roping* und *break-away roping*) und vieles mehr. Beim *goat tying* dürfen die Frauen antreten. Sie müssen an eine Ziege heranreiten, diese umwerfen und die Beine zusammenbinden - und dass möglichst schnell.

Dann galoppiert eine junge Dame hoch zu Ross in die Halle. Die Reiterin trägt eine grüne Weste. Grüne Kleidung bei Sportveranstaltungen ist in Wyoming ungefähr gleichbedeutend mit dem roten Tuch für den Stier. Denn das grüne Outfit steht für Sportler der Colorado State University. Sie erinnern sich: das waren die, die sich mit der staatlichen Uni von Wyoming einen endlosen Wettstreit im Stein bemalen liefern und deren Maskottchen angeblich kastriert wurde. Die Rodeozuschauer verhalten sich brav und zurückhaltend. Sie applaudieren sogar für die Dame in Grün. Die gemeinsame Wildwest-Tradition und der Stolz auf die einheitliche Vergangenheit der beiden Nachbarstaaten scheinen also stärker als die sportliche Rivalität zu sein. Nach einem Startschuss

durchquert die Reiterin im Galopp einen Hindernisparcours. Im Slalom geht es vorbei an großen Ölfässern. Die schnellste Reiterin gewinnt.
Weitere Cowboys, Pferde und Bullen toben durch die Arena. Fragen Sie mich nicht, wer in welcher Disziplin die Oberhand behalten hat. Ich bin zu sehr damit beschäftigt Eindrücke aufzunehmen und kümmere mich den ganzen Abend reichlich wenig um Ergebnisse und Tabellen.
Sollten Sie nach diesen Schilderungen Lust auf den Besuch eines Rodeos verspüren, dann brauchen Sie Ihren Reisezeitplan nicht unbedingt nach den nur ein Mal im Jahr stattfindenden Rodeo-Terminen auslegen. Verbinden Sie einfach einen Besuch im Yellowstone Nationalpark mit einem Ausflug nach Cody. Die wenige Meilen vom Ostausgang des Parks gelegene Stadt bietet ihren Besuchern im Sommer jeden Abend ein Rodeo. Von Anfang Juni bis Ende August lebt die Gemeinde frei nach dem Motto *Cody is Rodeo*. Immer ab acht Uhr abends werden im Stampede Park Kälber gefangen, Lassos geschwungen und Bullen mit der bereits hinreichend beschriebenen Genital-Seil-Methode zu wilden Tieren.

Wohnen im Wandschrank

"It wasn't until George Washington was President in 1789, that he had the power, after the Revolutionary War to declare Thanksgiving as a national holiday. After doing so, George promptly bit into a huge turkey leg and split in two his fine [...] teeth."
(www.thanksgivinghistory.net, 2008)

Von der Decke hängt eine lockere Glühbirne. In einer Ecke stapeln sich Pappkartons mit alten Zeitschriften und Schuhe liegen überall verteilt herum. Aber am meisten beeindruckt mich die verstaubte Sammlung alter Wintersportgeräte. In dem sechs Quadratmeter kleinen Raum stapeln sich ein gutes Dutzend Skier und die dazugehörigen Stiefel und Stöcke aus allen Epochen des Pistensports. Schwere, braune Holzski stehen neben ultraleichten, grell lackierten Rennbrettern. Durch ein milchiges, dreckiges Dachfenster in der schrägen Decke fällt etwas Tageslicht in das Innere der Kammer. In der Mitte des Chaos steht ein Bett. Meine Unterkunft für die nächsten drei Nächte ist ein begehbarer Wandschrank gefüllt mit allerlei Gerümpel.
Rückblick: Eine Woche zuvor fragt mich Cheryl, eine gute Bekannte und Angehörige der amerikanischen Streitkräfte, wie ich mein erstes Thanksgiving in den Vereinigten Staaten verbringen werde. Schließlich habe ich drei Tage frei und noch keine konkreten Pläne. Also lädt sie mich ein, das Fest mit ihr und ihren Verwandten Jim-Jim und Martha in Alma, Colorado, zu verbringen. Auch Davina, eine australische Leichtathletin mit vorübergehendem Wohnsitz in Laramie, begleitet uns auf diesem spontanen Wochenendausflug.

Ein Blick in meine Unterkunft im Wandschrank

Die Einladung und die landestypische Gastfreundschaft widersprechen allen Vorurteilen von der vermeintlichen Oberflächlichkeit der Amerikaner. Man hört im alltäglichen Leben an jeder Supermarktkasse, an jeder Tankstelle und in jedem Restaurant zwar die freundliche Standardfloskel "*How are you today?*" von den Servicekräften, die in der Tat nicht mit einer ausführlichen Schilderung des derzeitigen Wohlbefindens als Antwort rechnen. Aber diese "oberflächliche" Freundlichkeit hinterlässt bei mir einen wesentlich positiveren Eindruck, als die leider oftmals mangelnde Höflichkeit und fehlende Kommunikationsbereitschaft in der - man verzeihe mir den folgenden, viel zitierten Ausdruck - "Servicewüste" Deutschland.

Meine Bekannte Cheryl überschreitet die Grenze von nett gemeinter, aber leicht belangloser Freundlichkeit hin zur Aufforderung, ein ganzes Wochenende im Kreise ihrer Familie zu verbringen. Ähnliche Erfahrungen haben auch mehrere andere nicht-amerikanische Freunde von mir gemacht. Einladungen zum Familienessen am Nationalfeiertag oder gar zu Weihnachten werden in Wyoming schnell ausgesprochen, sind aber durchaus ehrlich gemeint. Dahinter steckt einerseits der Gedanke, ausländischen Gästen die einheimischen Traditionen zu vermitteln, aber auch ein gewisses Gemeinschaftsgefühl. Insbesondere in ländlichen Regionen ist man noch für einander da und an Feiertagen soll niemand alleine zuhause sitzen.

Solche Besuche in eigentlich fremden Familien sind oftmals von langen Gesprächen über die unterschiedlichen Bräuche der Anwesenden geprägt. Gäste aus andern Ländern werden förmlich mit Fragen über ihre Heimat bombardiert. Am Ende des Abends oder des Wochenendes verlässt man das Haus des Gastgebers meist mit dem schönen Gefühl, neue Freunde gefunden und sich an einem intensiven und absolut nicht oberflächlichen Gespräch über die Unterschiede und Gemeinsamkeiten verschiedener Kulturen beteiligt zu haben.

Genug von der Suche nach dem "warum" und "wieso", denn die Vorfreude auf mein erstes typisches

amerikanisches Truthahn-Festessen steigt an. Gemeinsam fahren Cheryl, Davina und ich also die drei Stunden von Laramie nach Alma. Sollten Sie noch nie von Alma in Colorado gehört haben, so ist das nicht weiter verwunderlich. Laut der Volkszählung im Jahr 2000 leben dort nur 179 Menschen. Das kleine Bergdorf im Park County besteht hauptsächlich aus einer Straße mit einigen Holzhäusern und befindet sich 17 Meilen südöstlich vom feinen Skiort Breckenridge. Einen besonderen Titel trug die wenig bekannte Ansiedlung bis vor einigen Jahren dennoch: auf einer Höhe von 3.158 Metern über Normalnull war Alma der höchstgelegene offiziell anerkannte Ort der Vereinigten Staaten. Erst 2006 machte die Gemeinde Winter Park dem kleinen Ort den Titel streitig - aber nur weil die Skilifte und Berghütten von Winter Park seitdem zur Stadt gehören und nun einmal höher als die Hütten von Alma liegen.
Die schneebedeckte Gebirgsstraße, der State Highway 9, in Richtung Alma schraubt sich mit Steigungsgraden von bis zu acht Prozent auf 3.517 Meter über dem Meeresspiegel hinauf. Dann ist der Hoosier Pass erreicht. Er stellt die Grenze zwischen Summit und Park County dar. Von der Passhöhe können wir schon in Richtung Alma blicken. Allerdings erkennt man noch nicht sehr viel. Kein Wunder, denn die ersten Holzhäuser des Dorfes tauchen erst auf, als wir das Ortsschild beinahe schon passiert haben. Dann deutet Cheryl auf ein gebrechlich wirkendes Gebäude am Straßenrand. Das ist also die Hütte von Onkel Jim-Jim und Tante Martha. Die Vorderfront ist weiß gestrichen und hat türkisfarbende Fensterrahmen. Die Seitenwände aus dunklen Holzlatten sehen aus, als hätte der Besitzer sie selbst zusammengezimmert. Auf dem Dach liegen 30 Zentimeter Schnee, die hof-

fentlich nicht die gesamte Statik der Konstruktion gefährden. Auch die Einfahrt ist schneebedeckt. Von der Hundehütte schaut lediglich der Dachgiebel aus dem weißen Pulver hervor.
Cheryl, Davina und ich betreten dic Hütte durch eine klappernde Tür im grünen Anbau und befinden uns prompt in der Küche. Einen Schlüssel hat Cheryl für das kleine Häuschen nicht. Ihre Verwandten sind zwar noch nicht da, aber in Alma, Colorado, lässt man seine Türen sowieso offen stehen. Hier in den Bergen wird nicht eingebrochen oder geklaut. Und wenn jemand ernsthaft versuchen würde, in die Hütte einzudringen, dann ist bei der morschen Tür auch im abgeschlossenen Zustand sowieso kein Schlüssel, Brecheisen oder anderes Werkzeug notwendig.
Im Inneren der Hütte dominieren alte Holzlatten an den Wänden das Erscheinungsbild. In der Küche und im Wohnraum stehen große Öfen mit denen anscheinend das gesamte Haus beheizt wird. Als Sitzgelegenheiten stehen am Esstisch ein paar Stühle und eine blau karierte, verschlissene Couch zur Verfügung. Auf Sicherheit scheint man hier dennoch bedacht zu sein, denn in einer Nische des Wohnzimmers hängt ein großer Feuerlöscher an der Wand.
In einer Ecke des Raumes führt eine Treppe in die erste Etage. Hier gibt es ein Zimmer und den bereits von mir beschriebenen begehbaren Wandschrank. In dem anderen Raum steht ein großes, schmiedeeisernes Bett, das bei jeder Berührung knarrt. Bei der Ruhestätte handelt es sich um ein historisches Relikt aus dem 19. Jahrhundert. Damals, weiß Cheryl zu berichten, habe das Bett in einem Freudenhaus gestanden. Über zahlreiche Umwege und im Wandel der Zeit ist das betagte Möbelstück schließlich im Besitz von Jim-Jim gelandet. Die nächsten Tage werden Cheryl

und Davina in dem breiten Bett nächtigen, während ich mein Lager im Wandschrank aufschlage.
Mittlerweile habe ich schon so viel von der eigentümlichen Hütte gesehen und über die Einrichtung erfahren, dass ich endlich die Hausherren kennen lernen möchte. Es dauert allerdings noch bis zum Abend, als Martha und Jim-Jim endlich eintreffen. Jim-Jim hat den ganzen Tag im Skigebiet von Breckenridge gearbeitet. Als Mitglied der Ski Patrol kümmert er sich um vermisste, verirrte und verletzte Skifahrer. Die komplette Wintersaison wohnt Jim-Jim daher in der urigen Hütte nur wenige Meilen vom Skigebiet entfernt. In den Sommermonaten residiert er im zwei Stunden entfernten Fort Collins in einem normalen, "spießigen" Einfamilienhaus. Seine Frau Martha pendelt ständig zwischen den beiden Eigenheimen. Auch heute Abend reist Martha aus der Stadt an.
Nach einem gemeinsamen Abendessen hocken wir in der kleinen Wohnstube der Hütte. Jim-Jim hat ein paar Holzscheite in den Kaminofen geworfen und wir wärmen uns an den offenen Flammen. Bei einer Dose kühlem Bier, zu dessen Bestandteilen neben dem essentiellen Hopfen und Malz angeblich das klare Wasser der Bergbäche Colorados zählt, sitzen wir in gemütlicher Runde. Der Hausherr greift zu einer Gitarre und fängt zu singen an. Das ist pure Berg-Romantik: im offenen Kaminofen der Hütte lodern die Flammen, hinter den vereisten Fensterscheiben der Hütte ist leichter Schneefall erkennbar und Jim-Jim spielt Country- und Folklieder auf der Klampfe. Wir sitzen eingehüllt in Wolldecken auf der alten Couch in der Holzhütte und genießen den Abend.
Zwischen den Liedern erzählt uns Jim-Jim von seinem Job bei der Ski Patrol und von seinen wilden Jugendzeiten. Damals in den 60er und 70er Jahren

Die Innenstadt von Alma, Colorado

steckten die Skigebiete der Rocky Mountains noch in den Kinderschuhen. Der erste Lift in Breckenridge nahm 1961 seinen Betrieb auf. Aber zu diesem Zeitpunkt fanden noch relativ wenig Touristen den Weg in das bis dato nur als Bergbaudorf bekannte Breckenridge. Zu schlecht waren die minimal ausgebauten Straßen. Oftmals ratterten die klassischen amerikanischen Straßenkreuzer noch über unbefestigte Schotterpisten.
Erst als im Jahr 1973 der Interstate 70 fertig gestellt wurde, reduzierte sich die Fahrzeit von Denver in die Berge enorm. Die Zahl der Besucher in den Skigebieten stieg explosionsartig an. Irgendwann in den Folgejahren kam dann auch Jim-Jim zur Ski Patrol. Schließlich musste sich ja irgendwer um die Großstädter kümmern, die auf ihren Brettern die schneebedeckten Berge herunterrasten. Jim-Jim erzählt von Lawinenabgängen, von Joint rauchenden Skifahrern im Wald und immer wieder von der Faszination, einen steilen Hang mit pulverigen Tiefschnee in weiten Bögen zu bewältigen. Der Abend vergeht wie im

Flug. Nur ein Rätsel bleibt für uns Gäste aus Übersee ungelöst: ob Jim-Jim ein Spitzname ist oder er wirklich so heißt, das verrät der Mann aus den Bergen uns auch nach mehreren Bieren nicht.
Als ich einige Stunden später auf der Matratze in meinem Wandschrank liege, scheint der fahle Mond durch die Dachluke. Während ein paar Wolken draußen vorbeiziehen, werfen Skier, Kisten und das andere Gerümpel Schatten in den Raum. Ich denke über den Abend nach. Sicherlich gibt es viele noble Skiorte mit teuren Lodges und anderen edlen Unterkünften, doch in den kleinen Dörfern der Rockies leben die Menschen sehr bescheiden, aber auch irgendwie glücklich. Männer und Frauen wie Jim-Jim und Martha wohnen freiwillig monatelang in einer brüchigen Holzhütte und unter einfachsten Umständen. Doch das Wichtigste für diese Leute ist, dass sie ihren Traum verwirklichen. Jim-Jim lebt für das Skifahren, und dass kann er hier täglich machen. Monatelang, bis Anfang Mai der Schnee schmilzt. Sobald sich am frühen Morgen die Sonne über den Gipfeln erhebt, steigt Jim-Jim in seinen Wagen und fährt zum nahen Skigebiet. Dort verbringt er den ganzen Tag auf den Pisten.
Sicherlich muss er dabei arbeiten. Doch er ist einer der wenigen Menschen, die in ihrer Arbeit Erfüllung finden und Spaß, Job und Traum miteinander verbinden. Außerdem bleibt ja neben der Arbeit noch genügend Zeit, um in den Pausen die einsamen Tiefschneehänge zu erobern.
An einem anderen Wochenende verbringe ich ein paar Tage in Silverthorne in einer Jugendherberge mit dem klangvollen Namen "Alpenhütte". Der Ort liegt ebenfalls nur wenige Minuten von den Skigebieten Breckenridge und Keystone entfernt. Auch hier treffe

ich diese ganz besondere Gattung Mensch, die nur für ihren Traum vom Schnee lebt. Eine Kellnerin in einem Restaurant erzählt mir beim Frühstück, dass sie extra in die Rocky Mountains gezogen ist, um jeden Tag auf den Brettern zu stehen. Um etwas Geld zum Leben zu verdienen, jobbt sie morgens und abends in dem Restaurant. Die Mittagsschicht übernimmt sie nie, denn dann fährt sie natürlich auf ihren Skiern die Hänge hinunter. Und sie ist nur eine unter vielen Schneesüchtigen. In der Jugendherberge checkt ein Mann ein, um dort ein halbes Jahr zu wohnen. Können Sie sich vorstellen, ein halbes Jahr in einer Jugendherberge zu wohnen? Ich jedenfalls nicht. Aber der Typ hat alles was er braucht: eine Reisetasche mit ein paar Klamotten und sein Snowboard. In den kommenden Monaten wird er jede freie Minute auf der Piste verbringen.
Jim-Jim würde sicherlich wohlwollend nicken, wenn ich ihm von diesen Bekanntschaften erzähle. Meine Augen werden schwer und ich schlafe ein. Tief und fest gefangen in der Traumwelt der Colorado Rockies verbringe ich meine erste Nacht im Wandschrank. Als ich am nächsten Morgen aufwache, scheint schon die Sonne durch die Dachluke. Heute ist Thanksgiving, der Tag an dem 300 Millionen Amerikaner ihr Erntedankfest mit Truthahn und Kürbiskuchen feiern. Seine Entstehung verdankt der nationale Feiertag den Pilgrim Fathers. Die Pilgerväter strandeten im 17. Jahrhundert an der Küste Massachusetts. Ihr Überleben im folgenden harten Winter verdankten sie nur der Hilfe der Wampanoag Indianer. Als es wieder wärmer wurde und ein paar Monate später die erste Ernte eingefahren werden konnte, feierten die Überlebenden ein dreitägiges Thanksgiving-Fest. Mittlerweile wird der Feiertag immer am vierten Donnerstag

im November mit üppigen Truthahn-Festessen zelebriert.
Irgendwie kommt es mir passend vor, dass ich dieses Fest, mit dem das Überstehen von harten Entbehrungen gewürdigt wird, ausgerechnet in einer kleinen, eingeschneiten Berghütte erlebe. Doch zu meiner Überraschung eröffnet Cheryl mir, dass wir den Truthahn nicht bei Jim-Jim und Martha, sondern bei Freunden der Familie verspeisen werden. Deren "Hütte" sei etwas größer und wir hätten alle mehr Platz am Tisch, behauptet Cheryl. Aber erst einmal folgen wir dem Rest der Ski-Junkies auf die Piste. Den ganzen Tag verbringen Cheryl, unsere australische Freundin Davina und ich in Breckenridge. Am frühen Abend holen Martha und Jim-Jim uns ab. Wir fahren zu den Freunden der Familie in die Kleinstadt Silverthorne.
Vorbei an einem Einkaufszentrum mit etlichen *Factory Outlet Stores* und der Jugendherberge "Alpenhütte" biegen wir in ein elegantes Wohnviertel ein. Nichts erinnert hier an die windschiefen Behausungen aus denen Alma überwiegend besteht. Stattdessen schlängelt sich die Straße durch eine Siedlung mit ansprechenden Villen den Hang hinauf. Vor einem riesigen Haus mit Blick über das Tal halten wir an. Ich erfahre, dass Jim-Jims Freunde frei nach dem Motto "vom Tellerwäscher zum Millionär" ein Vermögen mit einer Kette von Kopierläden gemacht haben. In das Wohnzimmer der Familie würde Jim-Jims komplette Hütte passen. Das wunderbarste Accessoire der Villa ist ein riesiges Panoramafenster. Über die ganze Breite des Wohnzimmers erstreckt sich eine Glasscheibe mit Blick nach Westen in Richtung Vail. Von hier kann man wunderschöne Sonnenuntergänge über den Bergen beobachten. Wäh-

rend die Sonne sich mit einem orange-gelben Farbenspiel hinter den weißen Gipfeln zurückzieht und die ersten nächtlichen Schatten das Tal verdunkeln, sitzen wir schon an einer langen Tafel.
Das Essen wird auf den guten Porzellantellern mit Goldrand serviert. Die knallbunte Tischdecke mit ihren grünen, gelben und roten aufgedruckten Früchten und Gemüsestücken wirkt zwar weniger edel, passt aber vom Motiv dann irgendwie doch perfekt zum spätherbstlichen Thanksgiving. Zwei Kerzen und die gefüllten Weingläser runden das Ambiente ab. Suppe, Truthahn, Salat, Kürbiskuchen und andere typische Leckereien füllen unsere Mägen. Unsere Gastgeber und Self-Made-Millionäre freuen sich über ihre Gäste aus Deutschland und Australien. Ausführlich müssen Davina und ich unsere Heimatländer beschreiben. Während des gelungenen Truthahn-Dinners entwickelt sich ein anregendes Gespräch zwischen dem Kopierladenbesitzer, dem Ski Patrol-Angehörigen, der amerikanischen Soldatin, der Leichtathletin von Down Under, dem deutschen Austauschstudenten und den restlichen Anwesenden. Wir genießen die amerikanische Gastfreundschaft und danken unseren Gastgebern im besten Sinne der Thanksgiving-Traditionen. Danach geht es zurück in die kleine Hütte nach Alma. Dort verbringen wir noch zwei weitere Skitage, bis Davina, Cheryl und ich wieder die Rückreise nach Laramie antreten.
Für mich sollte es nicht das letzte interessante Thanksgiving-Essen in bunt gemischter Runde sein. Im folgenden Jahr verbringe ich den Feiertag "daheim" in Laramie. Aus dem ur-amerikanischem Feiertag wird ein internationales Fest, das ich zusammen mit einem Brasilianer, zwei Armenierinnen und meinem albanischen Mitbewohner Andi genieße. Jede

Person in dieser weltoffenen Gruppe hat seine Gründe dankbar zu sein und dazu gibt es kaum einen besseren Anlass als Thanksgiving. Im fernen Wyoming verspeisen wir kulinarische Köstlichkeiten und stark gewürzte Fleischspieße aus Armenien und tauschen unsere Erfahrungen im modernen Wilden Westen aus.

Colorado Christmas

"Tall in the saddle we spend Christmas Day, driving the cattle over snow-covered plains.
All of the good gifts given today, ours is the sky and the wide open range.
It´s Christmas for cowboys, wide open plains."
(Christmas for Cowboys, Rocky Mountain Christmas, John Denver, 1998)

Sobald der Thanksgiving-Truthahn einigermaßen verdaut ist und das Fett während der ersten Skitage der Saison abtrainiert wurde, rückt auch schon der nächste Feiertag auf dem Kalender näher. Weihnachten beginnt in den Vereinigten Staaten im Supermarkt und unterscheidet sich damit kaum von den Sitten in Deutschland. Wenn ich die Dekorationsmenge und musikalische Berieselung betrachte, liegen beide Kulturkreise auf relativ gleicher Höhe. Singende Elche, bunte Lichterketten und andere Artikel im *American Style* halten schließlich auch in europäischen Kaufhäusern langsam immer weiter Einzug. Vielleicht sind die Europäer den Amerikaner mittlerweile sogar im Weihnachts-Wahn etwas voraus. Schließlich stehen östlich des Atlantiks bereits ab Anfang September die ersten Schokoladenweihnachtsmänner in den Regalen der Discount-Supermärkte, während in den Vereinigten Staaten noch der Halloween-Kürbis die Herbst-Dekoration dominiert.
Als eindeutigen Beweis für den interkontinentalen, vorweihnachtlichen Kulturaustausch entdecke ich einige Wochen vor dem Fest in einem Supermarkt in Greeley, Colorado, typisch deutsche Advents-Accessoires. In der 85.000 Einwohner großen Provinzstadt nördlich von Denver ist eine Ladung Adventskalender gelandet. Normalerweise in den Rocky

Mountains gänzlich unbekannt, liegt ein riesiger Stapel der Kalender mitsamt Schokoladeninhalten zwischen rot-weißen Weihnachtsmannmützen und Geschenkpapier. Bei einem Blick auf die Rückseite des Adventskalenders erkenne ich den Schriftzug *made in Germany*. Ich habe keine Ahnung, wie die von mir seit Kindheitstagen geliebten Schokokalender in die Hochebene Colorados gelangt sind und ob die hiesigen Bewohner solche guten und leckeren Stücke überhaupt zu schätzen wissen. Egal, ich decke mich jedenfalls in der Euphorie meiner Entdeckung gleich mit einem halben Dutzend Adventskalender ein. Schließlich kann ich damit ein paar deutsche Freunde in den USA überraschen. Zwei Exemplare behalte ich allerdings für mich, um jeden Dezembermorgen bis zum Weihnachtsfest gleich in doppelter Ausführung Türen mit dahinter verborgener Schokolade öffnen zu können. Ein bisschen heimatliche Atmosphäre und kulinarischer Hochgenuss muss mir gestattet sein.

Wenige Wochen und jede Menge Schoko-Stückchen später stehe ich in einem riesigen Supermarkt in Frisco. Nein, gemeint ist nicht die Kurzform vom weltberühmten San Francisco, sondern die eher minder bekannte Kleinstadt Frisco in Colorados Summit County. Hier verbringe ich mit meinen Freunden Jan, Insa und Maren Weihnachten in den verschneiten Bergen. Es sind nur noch zwei Tage bis zum Heiligabend, wir sind gerade erst in unserem Urlaubsdomizil angekommen und müssen unser Apartment noch entsprechend weihnachtlich ausstaffieren. Also schieben wir unseren Einkaufswagen durch die Gänge des Ladens. Wir rollen an mit Kunstschnee bestäubten Plastiktannen und jeder Menge Santa Claus-Requisiten vorbei. Als erster Punkt auf unserem Einkaufszettel steht die passende Beleuchtung mit dem

Vermerk “aber bitte dezent”. Also verzichten wir auf allzu grelle oder bunt blinkende Lichterketten und entscheiden uns für einen schlichten Baumbehang mit kleinen, grünen Elektro-Kerzen samt weißen Glühbirnen. Nachdem wir weiteren Deko-Kleinkram beäugt haben, landen wir in der Lebensmittelabteilung. Hier finden wir alle Zutaten für ein leckeres Weihnachtsdinner.
Weiter geht es in Richtung Flüssignahrung. Unserer einstimmigen Entscheidung folgend, decken wir uns mit einer kompletten Palette Bier ein. Wenn man 21 Jahre alt ist, kann man alkoholische Getränke in Colorado legal im Supermarkt kaufen. Ganz im Gegenteil zu Wyoming. Aufgrund lokaler Gesetze gilt dort ein Verkaufsverbot von Bier und Spirituosen in normalen Einkaufsläden. Alkohol gibt es im Cowboy State nur in den *Liquor Stores* mit spezieller Lizenz. Auch dort werden die mehr oder weniger hochprozentigen Getränke nur nach Vorzeigen eines Ausweises oder des Führerscheins ausgehändigt.
Fraglich ist, ob diese harten Regeln allerdings den gewünschten Zweck erfüllen, den Alkoholkonsum unter Minderjährigen zu senken. In Laramie gibt es zum Beispiel einen *Liquor Store* direkt gegenüber der Studentenwohnheime, in denen vorwiegend die jüngeren Semester unter 21 Jahren residieren. Dieser *Liquor Store* verfügt sogar über einen Drive-In Schalter. Wenn der Fahrer sich als Erwachsener ausweisen kann, kontrolliert niemand, ob die Mitfahrer nicht eventuell jünger sind und etwas von dem Alkohol abbekommen.
Aber jetzt zurück zu unseren Festtagsvorbereitungen. Zum Glück sind wir sogar nach amerikanischer Gesetzgebung allesamt seit mehreren Jahren volljährig. Warum wir uns zu viert gleich mit einer kompletten

Palette Bier eindecken? Für alle von uns ist es das erste Weihnachtsfest fern der Heimat und ganz ohne Familie. Um einen eventuellen Anfall von Heimweh zu bekämpfen, setzen wir auf den belustigenden Effekt eines Schwipses oder leichten Rausches. Die Ration Bier dient also als rezeptfreie Medizin gegen akute Sentimentalität. Unser Einkaufsbummel ist somit dann auch beendet.

Am Morgen des Heiligabends herrscht in unserem Apartment hektische Aktivität. Wir suchen in der Ferienwohnung nach einem geeigneten Ort für unsere Lichterkette. Einen Tannenbaumverkaufsstand haben wir in der Stadt nicht gefunden. Wo bekommen eigentlich die Amerikaner ihre Tannen her? In vielen Wohnzimmern residieren unverwüstliche Plastiktannen, die als Baukastensystem jedes Jahr neu zusammen gesteckt werden und den Rest des Jahres im Keller oder auf dem Dachboden gelagert werden. Die Anschaffung eines solchen Kunstbaumes kommt für uns nicht in Frage. Schließlich würden wir ihn höchstwahrscheinlich nie wieder benötigen. Aber auf eine Idee bringt uns diese amerikanische Gepflogenheit schon. Schließlich steht in unserem Apartment eine Plastikpalme. Ein wenig graust es uns bei dem Gedanken, Weihnachten mit einem hell erleuchteten Kunststoffgewächs zu verbringen. Nach einer kurzen Diskussion ringen wir uns aber dazu durch, das immergrüne, tropische Pflanzenimitat zu unserem Weihnachtsbaum zu küren. Wenigstens wird die Palme nicht nadeln. Und so bringen wir unsere 30 elektrischen Kerzen schön verteilt in der etwa 1,50 Meter hohen Plastikpflanze an. Wir fragen uns, ob wir soeben die erste Weihnachtspalme im zugeschneiten Colorado erschaffen haben.

Kopfschüttelnd und grinsend betrachten wir unser

Werk. Eine beinahe besinnliche Gedenkminute, doch dann wird es wieder hektisch. Wir ziehen unsere Skiklamotten an, suchen Handschuhe und Sonnenbrille heraus und greifen nach unseren Snowboards. Bevor wir einen gemütlichen Heiligabend mit Abendessen und Bescherung unter der leuchtenden Palme feiern, geht es noch für einen halben Tag auf die Hänge des Skigebietes Loveland. Herrliche Pistenverhältnisse mit einigen Zentimetern Neuschnee auf der alten Schneedecke lassen unsere Wintersportherzen höher schlagen. Doch damit nicht genug: damit wir am Abend auch so richtig hungrig und in Stimmung für einen gemütlichen Abend sind, steht noch ein weiterer kleiner Ausflug auf dem Programm. Rechtzeitig zum Sonnenuntergang wollen wir einen kleinen Weihnachtsspaziergang durch den verschneiten Wald machen. Mit dem Auto fahren wir die Straße von Frisco in Richtung Süden. Dann biegen wir links auf den Highway 9 und kurz darauf wieder links in die Swan Mountain Road ein.

Die Strecke führt uns bergauf in den schneebedeckten Nadelwald. Nach zwei Kilometern halten wir auf einem kleinen Parkplatz. Dort beginnt ein kleiner Wanderweg, der *Sapphire Point Hiking Loop*. Der Weg schlängt sich weit oberhalb des Ostufers des Dillon Reservoir-Stausees entlang. Ausgestattet mit Fotokamera, Winterjacke und einem landestypischen Cowboyhut als Kopfbedeckung verlassen wir den Parkplatz. Die Route ist durch einen Trampelpfad im tiefen Schnee gut erkennbar. Nach nur wenigen Metern erreichen wir den ersten Aussichtspunkt. Von hier hat man einen wundervollen Ausblick über den Stausee mit seinen zahlreichen Inseln und Halbinseln. Im Sommer kreuzen hier die Boote und Yachten des Dillon Yacht Club, wo auf einer Höhe von fast 3000

Die Sonne senkt sich über den Bergen am vereisten Dillon Reservoir.

Metern gelegen eine der höchsten Marinas der ganzen Welt betrieben wird.
Doch jetzt ist der beinahe komplette See von Eis und Schnee bedeckt. Lediglich einige schmale, eisfreie Rinnen führen wie Fahrspuren quer über das Gewässer. In Richtung Norden sind der Ort Dillon und der Staudamm erkennbar. Der Damm entstand in den 60er Jahren, um die Wasserversorgung der 70 Meilen entfernten Metropole Denver zu gewährleisten. Mittlerweile ist das Dillon Reservoir eines der beliebtesten Naherholungsgebiete der Region. Wandern, Mountainbiking, Skilanglauf, Wasserski, Boot fahren und vieles mehr - je nach Jahreszeit bieten der See und seine Umgebung vielfältige Freizeitmöglichkeiten.
Die Augen schweifen vom See nach oben. Denn über der Bergkette am gegenüberliegenden Ufer geht die Sonne unter. Langsam berührt der gelbe Feuerball die ersten Berggipfel. Die Sonnenstrahlen auf dem See werden allmählich schwächer und machen schließlich

dem abendlichen Schatten Platz. Ich stehe auf einem Felsbrocken hundert Meter über dem vereisten Wasser und genieße die romantische Stille. Außer unserer Gruppe ist zurzeit niemand auf dem einsamen Wanderweg unterwegs. Nachdem die Sonne hinter den Bergen verschwunden ist, nutzen wir das letzte Tageslicht für den Spaziergang aus. Einen Kilometer lang staksen wir durch den Schnee. Jetzt verlässt der Pfad das Ufer und führt in den Nadelwald. An einigen Stellen sinken wir bis zu den Knien im tiefen Schnee ein. Wanderschuhe und Jeans werden langsam feucht. Es herrschen Temperaturen von minus 10 Grad. Der Atem gefriert beinahe in der Luft. Trotzdem ist mir warm und ich genieße die kleine Wanderung. Langsam macht der Pfad eine Biegung zurück in Richtung Parkplatz und eine Viertelstunde später erreichen wir unseren Wagen.

Der *Sapphire Point Hiking Loop* mag zwar nicht der längste oder anspruchsvollste Wanderweg der Region sein, aber er ist mit Sicherheit einer der schönsten und einfachsten Wege, um die Natur der Bergwelt Colorados zu genießen. Kein Wunder also, dass auch Hochzeitspaare diesen Platz für sich entdeckt haben. Jedes Jahr finden an den Aussichtspunkten über dem See Trauungen statt. Damit ist Sapphire Point der einzige Ort in Summit County an dem mitten in der Wildnis Hochzeiten durchgeführt werden.

Mit den Impressionen des Spaziergangs durch den Winterwald noch vor unseren Augen landen wir wieder in unserem Apartment samt Weihnachtsplastikpalme. Jetzt ist der Hunger groß und Jan bereitet das Dinner zu. Er ist definitiv unser bester Koch. Unterdessen bleiben für uns die Hilfsarbeiten in der Küche und das Eindecken des Tisches übrig. Als Festmahl haben wir uns für Lachs entschieden. Dazu einen schönen Rotwein aus dem Napa Valley in Kalifornien. Die Weine von der Westküste stehen den bekannten italienischen oder französischen Trauben in nichts nach. Kein Wunder, dass unsere Bierdosen erst einmal unbeachtet weiter im Kühlschrank warten dürfen.

Außerdem müssen wir für die nächste Aufgabe einen klaren Kopf behalten. Irgendwie sind wir auf die Idee gekommen, zur Bescherung *Secret Santa* zu spielen. Dahinter verbirgt sich das auch in Deutschland beliebte Juleklapp oder Wichteln. Es gibt also für jeden von uns ein Geschenk, wobei die Empfänger nicht wissen sollen von wem das jeweilige Präsent kommt. Aber wie kommen die Überraschungen unter den Tannenbaum - Verzeihung - unter die Plastikpalme unseres kleinen Apartments, ohne dass die Anderen mitbekommen wer welches Geschenk eingepackt hat? Lange haben wir uns die Köpfe darüber zerbrochen. Unsere ausgefallene, wenig elegante Lösung: wir vier begeben uns alle in das Badezimmer. Spätestens jetzt ist das erste Bier unserer Anti-Heimweh-Palette fällig. Nach einem kurzen Prost verlässt die erste Person das Bad wieder. Im Wohnzimmer wird nun das Geschenk aus dem persönlichen Versteck geholt und auf den Wohnzimmerschrank gelegt. Dieser Schrank ist hoch genug, um nicht oben drauf blicken zu können. Nacheinander absolviert jeder von uns den einsamen Gang zum Schrank. Nachdem alle Geschenke dort platziert sind, ist es Zeit für uns, das Badezimmer geschlossen als Gruppe zu verlassen.

Jetzt greifen wir auf den Schrank und holen alle Geschenke wieder herunter und legen sie gut sichtbar unter unsere Weihnachtspalme. Ziel erreicht. Keiner weiß, von wem das für ihn bestimmte Geschenk ist. Klingt kompliziert? Ist es irgendwie auch. Aber wir

haben auf jeden Fall eine Menge Spaß und leeren die zweite Runde Bier. Das ist übrigens schon beinahe die letzte Dose Bier, die an jenem denkwürdigen Heiligabend von uns geöffnet wird. Die Befürchtungen erweisen sich als unbegründet und ganz ohne Sentimentalität und Heimweh feiern wir Weihnachten in der Ferne. Erst spät in der Nacht löschen wir die Lichter unserer Weihnachtspalme und gehen ins Bett. Ich habe bei unserer *Secret Santa*-Aktion übrigens einen Straßenatlas mit ausführlicher Entfernungstabelle bekommen. Für gute Orientierung auf zukünftigen Ausflügen und Reisen ist also bestens gesorgt. Nach einigen weiteren Tagen in den Skigebieten von Summit County steht dann auch die Rückreise an. Doch das gestaltet sich als etwas schwierig. Mein Wagen springt nicht an. Batterie überbrücken, anschieben, Benzinstand kontrollieren - alles zwecklos. Also wird der Abschleppservice gerufen und mein treuer, vierrädriger Freund verabschiedet sich erst einmal in die nächste Werkstatt. Unser Weihnachtsurlaub erfährt eine Zwangsverlängerung. Aufgrund unseres knappen Budgets wechseln wir von unserem Wohlfühl-Domizil mit Whirlpool und Sauna in das nahe gelegene Billig-Motel. Was für ein Abstieg... Wenigstens gibt es kostenlose Donuts und Kaffee zum Frühstück.
Und dabei habe ich noch ein paar Kapitel zuvor von der Zuverlässigkeit meines Automobils geschwärmt. Sie erinnern sich? Aber wie sagte schon meine Mutter vor mittlerweile 14 Jahren zu ihrem Sohn, der damals als frischgebackenem Fahranfänger auf den Straßenverkehr losgelassen wurde: "Ein Auto fängt mit A(h) an und hört mit O(h) auf." Sorry Mum, aber damals als post-pubertärer Sprössling habe ich diesen Satz gehasst. Recht hattest Du trotzdem. Dem "Ah,

was für ein toller Wagen", folgt spätestens nach der mehrere hundert Dollar teuren Reparatur während der Weihnachtsreise ein "Oh nein, was für eine Sch…"
Mein Dank gilt den treuen Mitreisenden und guten Freunden, die sich edelmütig an den unvorhergesehenen Unkosten beteiligen. Leider bringt die Reparatur nicht nur eine hohe Rechnung, sondern auch den Verzug im Zeitplan mit sich. Und vor allem auch eine Portion Langeweile. Ohne Auto ist man in den meisten Regionen der Vereinigten Staaten ganz schön aufgeschmissen. Das gilt auch für die Touristenhochburg Summit County. Für einen Fußmarsch liegen Läden, Restaurants, Naturwunder und Skigebiete eindeutig zu weit auseinander. Der kostenlose Skibus bringt uns nur in Gebiete für die wir dummerweise kein Liftticket haben. Das Resultat sind weitere Ausgaben für neue Lifttickets. Nach drei Tagen ist der Wagen aber dann doch wieder vollkommen funktionsfähig und wir treten endlich die Rückreise nach Laramie an.
Jetzt muss ich mein Auto noch einmal verteidigen: nachdem wir die Skiklamotten ausgepackt und Wäsche gewaschen haben, trete ich sofort die nächste Reise an. Der Weg führt zum Silvester feiern in Las Vegas mit weiteren Abstechern nach Los Angeles und San Francisco. Wieder befinde ich mich viele hundert Meilen unterwegs auf den Straßen und mein Schmuckstück hält alles problemlos und zuverlässig wie eh und je durch. Ah!